BAYONNE
EST UNE FÊTE

Nos parutions sont soutenues par la Région Nouvelle-Aquitaine
ainsi que la Direction régionale des affaires culturelles (Drac) de Nouvelle-Aquitaine.

Suivi éditorial : © Agence Atlantica, Le Basque & La Plume production littéraire
Conception graphique et mise en pages : © Yaelle Chauffaille
Relecture et corrections : Florian Berrouet

Dépôt légal : juin 2023

ISBN : 9782758805816

16, avenue du Dr Camille Delvaille
05 59 31 41 96 • contact@atlantica.fr
Catalogue en ligne : www.atlantica.fr

@AtlanticaAgence @atlanticaagence

LE BASQUE
& LA PLUME

BAYONNE
EST UNE FÊTE

ATLANTICA

À toi Vincent qui ne les connaissais pas
À toi Martine qui n'y étais pas très fidèle
Amour et amitié ont la même première lettre : le B de beauté.

Pierre

À Jacques Gardet dit Ramina,
À Michou Padrones,
À Marcel Lissalde qui m'ont transmis l'amour de ces fêtes
et de Bayonne chacun à leur façon.

Gorka

Les Fêtes, on les fait, on s'y fait, on s'y perd.
Leur génie, leur djinn, démon tonique, redoutable,
on le prend [...]
Les Fêtes accueillent l'idiot et rendent idiot le très sensé,
Elles risquent, ce que dans la vie attelée,
on n'ose plus risquer.

Francis MARMANDE, *Faites les Fêtes*

LE PALMARÈS 2023 DU CONCOURS LITTÉRAIRE DES FÊTES DE BAYONNE

LA LAURÉATE DU CONCOURS EN FRANÇAIS

Ordago par Isabelle Maury Geles

LES TEXTES PRIMÉS EN FRANÇAIS

Nuits blanches et rouges par Fabrice Gable
Le soleil se lève à Bayonne par Thomas Vignau
Disparition par Philippe Ferrand
Il était une deuxième fois... par Laurence Picq

PRIX KALIMOTXO

(PRIX SPÉCIAL DU JURY)

Roberto Bolaño à Bayonne par Jérôme Delclos

•

LA LAURÉATE DU CONCOURS EN BASQUE (CATÉGORIE ADULTES)

Ator urdina par Idoia Rodriguez Mondragon

LA LAURÉATE DU CONCOURS EN BASQUE (CATÉGORIE LYCÉENS)

Nor naiz? par Mahalia Resampa

SOMMAIRE

SOMMAIRE

Les textes
du concours littéraire
des Fêtes de Bayonne 2023

NAISSANCE D'UN LIVRE

par Pierre CASAMITJANA,
Le Basque & La Plume

Bayonne, 12 juillet 2018

Je lis et relis la copie de cet extrait de naissance, dont la photocopie noir et blanc est aussi pâle que sont colorés les propos imagés de l'employé du service d'état civil qui me l'a remis.

Nom : Bayonne

Prénom : Fête

Date de naissance : 13 juillet 1932

Nom du père : Benjamin Gomez

Nom de la mère : Mairie de Bayonne

Prénom des enfants, des petits-enfants
et des arrière-petits-enfants : Festayre

— Savez-vous pourquoi notre héroïne a tenu à rajouter un -s à son prénom de baptême ? Pour rappeler ses mille visages et ses millions d'enfants. En plus de ce pluriel majestueux, elle s'est dotée d'une particule. Elle porte ainsi un nom d'usage anobli et unique, aussi singulier que pluriel : Fêtes de Bayonne. Les Fêtes. Nos Fêtes. Comme le titre immuable d'un film que l'on va voir chaque mois de juillet pour sa sortie annuelle.

Je participe à ce film depuis un temps que les moins de vingt ans ne peuvent pas connaître, dans le rôle de figurant anonyme. Une pellicule cinématographique dont les décors évoluent peu et où seuls les costumes ne se renouvellent pas. Dialogues, acteurs, actrices, musique, scènes marquantes : à chaque millésime, le casting évolue et change, chaque année la production innove, chaque année la Palme d'or du souvenir est autre et immuable.

Je lui demandai alors dans quelle librairie bayonnaise pourrais-je trouver le récit écrit de ces dizaines d'années d'œuvres, de spectacles et de Fêtes. Je suis convaincu qu'existent un ou plusieurs recueils écrits relatant les innombrables souvenirs que les *festayres* content de génération en génération, se racontent d'une année sur l'autre depuis 1932. La cinémathèque des Fêtes est la transmission orale et vécue : où est sa bibliothèque ?

Sa réponse me fit penser que l'abus de rouge ou de blanc - sa tenue aux vins de Navarre et d'Irouléguy semble irréprochable - lui faisait sans doute perdre la mémoire :

— Des photographes, des historiens, un sociologue averti et une universitaire avérée ont relaté les Fêtes : pas leurs Fêtes. Seul mon ami Francis Marmande, le moins bâillonné des universitaires et le plus bayonnais des agrégés de comptoir et de chaire, s'y est aventuré. Faîtes les Fêtes, *il s'intitule son bouquin. Et je puis vous dire qu'il les a faites sans se rater ni en rater beaucoup... si vous voyez ce que je veux dire ! Mais non, pas d'autres livres qui les dépeignent de la plume. Ici, le coude c'est pour lever le verre,*

offrir un présent à sa promise, ou balancer une mise au point sur les bouches aux propos dont les bornes sont dépassées.

Son éclat de rire est aussi haut que l'Adour en crue. Mon sourire, aussi large que la perspective d'un amour au coin d'une rue, comme dans les belles « Passantes » d'Antonin Pol, mises en musique par l'esprit mélodieux de Brassens.

Je viens de comprendre, ma pensée est cristalline, l'idée m'irradie de frissons comme une rasade d'Izarra jaune. Si bien souvent, les livres trouvent une deuxième vie dans un film, fidèlement adaptés ou maladroitement retranscrits, il manque aux Fêtes ce livre écrit par les *festayres.* Cette fois-ci c'est un film, leurs scènes qui doivent devenir un roman : celui de leurs souvenirs, de leurs rencontres, de leurs moments, de leur imagination.

Bayonne était déjà une fête : *Bayonne est une Fête* venait de naître.

Bayonne, 13 juillet 2023

Dans le registre de l'état civil de la grande librairie des essais et des romans, à l'instar d'un livret de famille, ne figurent que les mentions de deux parents. Plus précisément ceux que l'on retient, les mis en avant, les associés à l'œuvre. Le père est l'auteur, et la maison d'édition est notée en tant que mère. L'autrice est enregistrée comme génitrice, et l'éditeur fait figure de père. Annie Ernaux est née chez Gallimard, Laurent Gaudé n'a jamais découché de chez Actes Sud.

La généalogie du livre *Bayonne est une Fête* ne comporte ni père ni mère, mais une paire d'éditeurs et une mer d'auteurs et de conteurs. Sa parentalité est un feu d'artifice, un édifice de feu adoptifs et d'adoptés vivants, d'ados vifs et d'apôtres de bel esprit. Elle comporte des filiations aux ramifications bien plus nombreuses que sa pagination, et s'enrichira chaque année de la verve écrite de ses procréateurs. Elle remonte à 1855, avec la naissance du cinquième enfant d'Abigail Élodie Léon et d'Abraham Georges Gomez : la naissance du futur Roi Léon ? Presque...

Ce recueil détient des ascendances innombrables et insoupçonnées. Ses géniteurs au fil du temps se prénomment Benjamin, Ernest, Francis ou Gorka. Elles ont un lien direct avec sa conception : Florence, Itxaro, Delphine ou encore Marie-Hélène. Ils, elles, tant d'autres les ont créées, inspirées, imaginées, adulées, honorées, écrites : les Fêtes sont le prénom de Bayonne. Et les *festayres* sont la lignée annuelle, les descendants, les protagonistes et auteurs de ce roman. Un livre sans le mot *fin*.

Bayonne, 24 février 2022

— Mais si, je puis t'assurer que c'est la stricte vérité. En pleine passion amoureuse pour le cognac français tout autant que pour sa première épouse, Hemingway avait oublié ses notes dans une malle Vuitton de l'hôtel Ritz à Paris. Et il n'a retrouvé son bagage que trente ans plus tard. Alors tu imagines tout ce qui est écrit dans les bagages de souvenirs des Fêtes depuis quatre-vingt-dix ans ? Et que personne n'a jamais lu ?

Il est la première personne à qui j'ai osé parler de mon idée. Il est un troubadour des temps modernes, il chante quand il parle, il perle quand il chante, il sourit quand il parle. Et quand il ne parle pas, c'est qu'il rit. Les Fêtes de Bayonne possèdent une alchimie des rencontres dont elles ont le secret : une transformation d'une connivence aussi spontanée qu'ensoleillée en une amitié d'or rouge et blanc.

Le nom de l'établissement épicurien où je l'ai rencontré la première fois peut faire penser que notre relation est séculaire : le haut lieu qu'est l'hôtel des Basses-Pyrénées. Que nenni : c'est en 2015 que retentissent dans mes tympans ses légendaires éclats de rire. Et depuis, dans une complicité réciproque aussi évidente que spontanée, j'apprends nombre de réponses aux « pourquoi » du Pays basque avant même qu'il n'y réponde en livre. Ou encore, quelles sont les origines du chant basque depuis deux mille ans avant qu'il ne les relate avec brio sur Arte.

Son nom est une angoisse pour les dyslexiques, une agrégation pour les amateurs patentés des *Chiffres et des lettres*, une colle pour les adeptes d'anagrammes : Gorka Robles Aranguiz. Il est fréquent qu'on lui rétorque, une fois énoncé : et votre prénom, c'est ?

— Tu sais ce qu'a dit Fernando Hualde, réceptionniste à La Perla à Pampelune ? « Hemingway est la personne qui nous a donné une projection universelle, grâce à ses séjours dans notre ville, au moment des fêtes de la San Fermin et dans cet hôtel, où il avait sa chambre attitrée. » Et ce que lui-même, prix Nobel de littérature je te rappelle, aimait à clamer : « Je ne pourrai jamais en faire autant que ce que Pampelune a fait pour moi. » Voilà bien ce que je te propose : que nous rendions aux Fêtes, toi, moi, tout ce qu'elles nous ont donné.

C'est au Dacquois que je lui ai donné rendez-vous pour déjeuner. Un brin de paradoxe que ce bar-restaurant, lieu classé au patrimoine historique de la rue d'Espagne et des Fêtes, porte le nom des habitants de la capitale des Landes. Fred est le patron des lieux, il gère cette affaire en binôme avec sa délicieuse compagne Valérie. Il y a encore peu de temps, j'ai dû lui demander son nom de famille que je ne connaissais pas, lui prononce approximativement le mien. Pour elle, j'étais l'« homme à la salopette », l'antihéros façon Clint Eastwood : sans nom. Longtemps, je ne possédai pas son numéro de portable pas plus qu'il ne disposait du mien. Il ne sait guère ce que je fais professionnellement, ne me l'a jamais demandé : quelle importance, l'essentiel est ailleurs. Je sais peu de choses de sa vie antérieure. Qu'il sait se battre. Il a déclenché lui-même le passage de la main serrée à l'accolade bisée. Notre amitié fut longtemps exempte de patronymes. Mais une amitié anonyme n'en est pas moins une amitié indéfectible. Il me l'a prouvé durant les Fêtes 2019, au cours desquelles il m'a transmis son courage par l'indescriptible énergie que prodigue une étreinte tactile et silencieuse entre deux hommes, entre deux êtres. Anonyme sans être caché, un tel lien de tendresse n'en est pas moins fort.

Les Fêtes créent des liens rarement défaits.

Je l'ai appris depuis ce déjeuner, Gorka sait dire non, fermement. Il a dit oui alors que les chipirons du jour n'avaient pas eu le temps de frire : fièrement. Il m'a offert cette jolie phrase, accompagnée d'un geste ample et noble partant des calamars dans l'assiette vers le plafond en passant par le col d'une bouteille de rioja :

— *Offrir aux Fêtes de Bayonne une tradition littéraire par un concours annuel de littérature, ça va les élever.*

Il a renouvelé à plusieurs reprises ce geste : le passage du col, sans oublier de verser de grosses gouttes de joie grenache dans la vallée du verre. Notre association Le Basque & La Plume venait d'être scellée.

Juste avant de nous quitter, il m'a posé cette question façon Columbo, l'œil vif et sourire aux commissures :

— *Et les notes de la valise d'Ernest Hemingway, que sont-elles devenues ?*

— *Un livre, camarade, un livre :* Paris est une fête.

NUL N'EST TROP FÊTE EN SON PAYS

par Gorka ROBLES ARANGUIZ,
Le Basque & La Plume

Je suis né à Bayonne, à Marracq, quand la ville comptait environ quarante mille habitants. Pour moi, les Fêtes de Bayonne, ce sont les fêtes de mon « village ».

Autour de mes vingt ans, j'ai joué du *txistu*[1], instrument traditionnel, pendant quinze ans pour animer ces Fêtes et les vivre de l'intérieur en quelque sorte. Nous commencions à huit heures du matin avec les « *dianas*[2] » pour réveiller la ville dans des rues désertes, où nous ne croisions que les vaillants travailleurs du centre-ville, avant d'ouvrir le cortège de la cour du Roi Léon allant réveiller leur suzerain.

Ce n'était pas la foule d'aujourd'hui, et pour nous, musiciens, c'était un vrai bonheur de partage et de joie avec toute l'insouciance de nos âges et de la fête. Le programme d'animation de chaque groupe de musiques traditionnelles était bien

1. Petite flûte basque.

2. Musiques annonçant le début d'un nouveau jour de fête.

défini mais nous nous l'adaptions au gré des rencontres et des événements différents chaque jour.

C'était surtout l'occasion de centaines de rencontres et de retrouvailles. Des copains d'école, de l'école Saint-Léon, du collège Marracq, du lycée René Cassin, du conservatoire de musique, du rugby de l'Aviron Bayonnais. Les fêtes du village.

Et forcément, des gens de partout dans le monde, des communes avoisinantes ou de l'autre bout de la planète. La magie de la fête et de l'uniforme des Fêtes. La musique rapproche les gens et nous passions des heures, outre le *txistu*, à chanter avec celui ou celle qui voulait partager ces moments éphémères et suspendus. En basque, en espagnol, chants traditionnels, *rancheras mexicanas*[3], *jotas*[4] se chantaient dans beaucoup d'endroits, faisant oublier les heures de rendez-vous, et même l'heure tout court.

C'était aussi l'époque des premières années des peñas[5] qui prenaient le relais des bars dans la nuit pour aller jusqu'au petit jour. Pour y être admis, il fallait le fameux sésame du ticket d'invitation qui permettait d'accéder au chaudron moite où même les murs transpirent et ruissellent. C'était un peu les *speakeasy*[6] bayonnais, car la législation sur le cas n'était pas claire du tout et le commissaire de l'époque faisait du zèle. C'est devenu aussi une partie de l'âme de la fête, quand les peñas jouent le jeu de leur ville et ne sont pas en fait des bars clandestins.

C'étaient aussi des discussions enflammées sur les anecdotes du passé, les différentes époques, les différentes tenues.

3. Musiques traditionnelles mexicaines.

4. Chansons traditionnelles navarraises.

5. Lieux de rencontre dans lesquels se retrouvent des groupes d'amis pour partager une ou plusieurs passions en commun.

6. Type de bar clandestin américain.

Il n'y avait que la mémoire orale et les photographes bayonnais Auber ou Roger pour nous faire sentir l'esprit des années passées. Les courses de vaches de la place Saint-André avec tous les *festayres*[7] en marinière, le Corso et les idées géniales de ses concepteurs, les bleus de travail et les chapeaux de paille, les danseuses devant les bandas, le vrai défilé du faux conseil municipal d'Or Konpon[8], les petits rats de l'opéra (ou peut-être les petits rots de l'apéro ?) ou les Nana Mouskouri des Pottoroak[9] avec Michou Padrones en tête, le Triath'drôle[10] de Marcel Lissalde, les premiers Dantzazpi[11] à la place Montaut...

Le concours littéraire des Fêtes de Bayonne vient compléter tout cela. Décrire cet esprit si particulier par de la fiction ou par la réalité va forcément nous amener à rêver, à se souvenir, à acquiescer, à jalouser le bonheur par l'envie, à comprendre, à partager, à attendre moins impatiemment les prochaines, à s'y replonger au cœur de l'hiver.

Il s'agit de faire naître une tradition littéraire, année après année, ouverte au plus grand nombre dans un format qui se veut dans l'esprit des Fêtes : accessible à tous.

Que le nom de Bayonne résonne dans le monde !

Nul n'est trop fête en son pays !

7. Personnes participant aux Fêtes.

8. Peña bayonnaise.

9. *Id.*

10. Animation sportive « légèrement » décalée.

11. Animation de danse basque.

UN BAIN DE FOULE ET DE CULTURE

par Jean-René ETCHEGARAY
Maire de Bayonne, président de la Communauté d'agglomération Pays Basque

---

Fidèle auditeur du *Masque et la Plume*, je me suis souvent délecté du fil rouge de zeugmas lancé par Jérôme Garcin à l'antenne. Cette figure de style, réjouissante s'il en est, qui consiste à rattacher à un même mot deux termes sans rapport entre eux, créant la surprise, jouant la fulgurance, ou confinant à l'absurde. Les auditeurs partagent régulièrement leurs trouvailles et nous profitons ensemble de la magie de la langue, de la force d'un bon mot.

Ce genre de moment est à faire fructifier, et c'est en ce sens que j'ai soutenu l'initiative d'un concours littéraire (r)attaché aux Fêtes de Bayonne et baptisé par ses organisateurs « Le Basque & La Plume ». Un concours qui ne se prend pas au sérieux, offre toute latitude, permet à chacun de s'exprimer sur sa vision, son vécu, sa perception des Fêtes, passant ainsi de l'intime à l'universel, en écho à la puissance cathartique de nos Fêtes.

Ces Fêtes, lancées en 1932, nous les devons à l'architecte Benjamin Gomez, diplômé des beaux-arts de Bordeaux, élu municipal bayonnais, directeur de revues, auteur dramatique, peintre et aquarelliste. Il fut un éminent représentant, avec son frère Louis, d'un style à la fois néobasque et art déco qui innerve encore notre ville.

Président du comité des fêtes, Benjamin Gomez visait une « union sacrée complète pour pleinement réussir à déclencher l'enthousiasme de nos concitoyens ». Malgré l'absence regrettable de femmes, il revendiquait ainsi la présence au sein de ce comité de personnes de toutes sensibilités politiques « de la plus rouge à la plus timidement rosée » ayant en commun l'amour de Bayonne. Il rejetait enfin l'idée d'une culture réduite à un folklore figé dans le passé. « Il faut d'un œil regarder le passé, d'un œil regarder le présent et s'efforcer de ne pas loucher », disait-il.

Je souscris pleinement à cette vision et cela m'amène naturellement à ce que nous voulons pour notre ville. Benjamin Gomez est présent sur le tableau de Marie Garay *Léon Bonnat et ses élèves*, exposé au Musée Basque et de l'histoire de Bayonne et qui intégrera naturellement la collection du musée Bonnat-Helleu à son ouverture. Les personnes ainsi représentées formaient une sorte de bouillon culturel bayonnais et foisonnant. Ils recevaient Léon Bonnat lors de ses retours au Pays, fréquentaient les élites parisiennes *via* Edmond Rostand notamment. Nous le savons, l'art comme la littérature disent notre ville, racontent son histoire, la grande Histoire aussi.

L'Occupation obligea Benjamin Gomez, juif, à fuir Bayonne pour s'installer en zone libre, à Castelsarrasin en mai 1943. De 1940 à 1945, les Fêtes furent interrompues ; elles reprendraient en 1946. À la fin de la guerre, Gomez a renoué avec une activité politique mais n'a plus jamais œuvré dans le comité des fêtes.

J'ai quant à moi un souvenir très particulier de l'édition 2016 des Fêtes. Elles se tenaient - et nous voulions qu'elles se tiennent - seulement deux semaines après les attentats de Nice. Cette phrase de Prévert était alors affichée sur la devanture d'un café : « Je sais un peu partout, tout le monde s'entretue, c'est pas gai, mais d'autres s'entrevivent, j'irai les retrouver. » Le principe trop souvent galvaudé de vivre-ensemble qui fonde mon engagement politique retrouvait dans cet « entrevivent » du lustre et des couleurs, rouge et blanche. Les mots, nos Fêtes et nos musées sont le lieu de passation de notre mémoire collective et la démonstration de notre culture vivante. À vos plumes !

« BAYONNE EST UNE FÊTE »

par

LES MEMBRES DU JURY DU CONCOURS LITTÉRAIRE DES FÊTES DE BAYONNE

Édition 2023

HIER

par Florence DELAY,
membre de l'Académie française

Si je perdais mes souvenirs, il en est un qui reviendrait forcément car il est inscrit sur mon corps, au milieu de la cuisse gauche : un petit creux, trace d'un coup de corne reçu un jeudi des Fêtes, place Saint-André[1]. Le temps l'a un peu comblé mais il est toujours là et je l'emporterai en paradis.

Je courais les vachettes pour attirer l'attention d'un garçon qui me plaisait, fils d'un bijoutier sous les arceaux de la rue Port-Neuf. Je fus vite ramassée, rien de grave, rien qu'une douleur aiguë au milieu de la cuisse, mais la corne avait arraché un volant de ma jupe à volants, tombée par terre et ramassée avec moi. Comment rentrer à la maison ? J'y arrivai à grand-peine en boitant, tenant ma jupe d'une main. De la place Saint-André aux allées Paulmy, où se trouvait la villa de mon grand-père, il y a une trotte.

1. Une bibliothèque universitaire, qui porte mon nom, a été édifiée à quelques mètres, 19 place Paul-Bert, pour célébrer sans doute cet événement.

(Si je précise, c'est qu'un ami, membre de ce joyeux jury, se fait un malin plaisir de me désigner comme « fille des allées Paulmy », avec ce que cette adresse suppose, alors que lui se proclame « fils de Saint-Esprit » !)

Mon grand-père Maurice Delay, chirurgien, fondateur de la clinique Delay, était à l'époque maire de Bayonne. Il se plaisait à dire que c'est lorsque sa main avait commencé à trembler qu'il avait fait de la politique... Pas question qu'il fût au courant de l'épisode vachettes, ni de ce qui s'ensuivit : un début d'idylle avec le fils du bijoutier, également prénommé Maurice, qui me promena quelques semaines sur sa moto.

Plus petite donc plus sage, j'étais passée un dimanche soir devant mon grand-père, assis au balcon de la mairie, dans un char du Corso lumineux. Nous y étions entre filles et dansions le fandango, costumées en Basquaises. J'avais appris la danse aux fêtes d'Iholdy. C'était la seule permise aux filles par le curé basque - parce qu'elles n'y touchent pas les garçons.

Ai-je vu ou imaginé Luis Mariano lancer de sa voix d'or, depuis le balcon de la mairie :

« Ohé, venez les amis, venez par ici, venez en personne
Pour que je vous donne les clés de Bayonne.
Bientôt vous aurez compris que c'est par ici que la vie est bonne
Et c'est à Bayonne que vous viendrez toujours.
Bayonne Bayonne sur la Nive et sur l'Adour
Bayonne Bayonne Bayonne mon amourrr... »

Je la connais par cœur, cette chanson, et suis même capable de la chanter avec l'accent.

Est-ce la même année que le vendredi des Fêtes j'eus mon premier chagrin d'amour, rue Port-de-Castets ? J'avais quinze ans, j'étais amoureuse d'un garçon plus âgé que moi qui m'avait donné un baiser d'avenir dans le clocher d'une église qui commençait par A. Arbonne ? L'après-midi du vendredi nous nous étions dit adieu : je partais le lendemain matin pour Barcelone, dans une famille espagnole, afin de me familiariser avec la langue. Ma sœur aînée m'accompagnerait jusqu'à Irun où je prendrais le Talgo. Il, Michel, avait promis de m'écrire dès qu'il recevrait ma première lettre et l'adresse que j'ignorais encore. À l'époque on s'écrivait.

Le chagrin tient plus réveillé que le bonheur. Trop éveillée pour m'endormir, je décidai d'aller faire un tour dans le Petit Bayonne. Et là, rue Port-de-Castets, au fond d'un café ou d'un bar au tumulte joyeux, qui j'aperçus ? Lui, un verre à la main. Il me vit, je m'enfuis, revins en larmes à la villa, continuai de pleurer, si fort sans doute que ma sœur ouvrit la porte, me prit dans ses bras, m'expliqua que si Michel était au fond d'un bar ce soir-là c'était pour oublier, noyer son chagrin... Je la crus. Plus encore le lendemain matin, au départ, quand je trouvai posée sur le perron de la villa une boule de verre verte dans un cordage tressé, une de ces boules de filets de pêche censées porter bonheur. Je l'avais vue sur la banquette arrière de la voiture de Michel, je savais qu'il y tenait. Elle partit avec moi en Espagne, revint en France, ne me quitta plus - même depuis que Michel a quitté terre.

Souvenirs, souvenirs, des années plus tard j'étais encore de ces farandoles que guidait Francis en chantant n'importe quoi, c'est pas baba, c'est pas yoyo, c'est à Bayonne...

Merveille que les Fêtes nous survivent !

FAITES LES FÊTES, JE ME SOUVIENS DE DEMAIN

par Francis MARMANDE

Je me souviens de mes premières Fêtes (1949), j'ai quatre ans, je joue le rôle d'un Japonais d'opérette (peint en jaune), juché sur un char modeste du Corso fleuri qui défile le dimanche après-midi.

Je me souviens qu'après notre prestation, nous avions pris un bain tous les trois dans la même baignoire (nos parents disposaient d'une baignoire) : ma sœur Annie, la voisine Jeanine dont le père André pilotait la jeep qui tractait le char, et moi.

Je me souviens que Madame Larroque, la propriétaire de la villa Christian où nous habitions, à Saint-Étienne, sorte d'Ariane Mnouchkine du Corso, avait choisi le thème du Japon, trois ans après Hiroshima : aller aux Fêtes, c'était pour nous « aller en ville ».

Je me souviens que « *je me souviens de...* », en français, ne se construit pas comme « *je me rappelle que...* », nous avions de formidables maîtres à l'école publique des quartiers Nord

(Monsieur Loustalot). J'emprunte ici la forme du *Je me souviens* que Georges Perec a rendue fameuse (1977), après l'avoir lui-même empruntée à Joe Brainard (*I Remember, 1970*), grand inventeur de formes poétiques, graphiques, picturales ou filmiques (New York, 1942-1994).

Je me souviens que je ne joue pas le jeu : mes « *Je me souviens* » sont des souvenirs trop personnels, mais je les sais capables d'en déclencher d'autres, les vôtres... Aussi impersonnelles que puissamment collectives, les Fêtes vous entraînent d'elles-mêmes, vers où ? à quoi ? aux Fêtes de Bayonne telles qu'elles se font, puisque *on les fait.*

Je me souviens que, venues de la nuit des temps, les Fêtes ont été créées de toutes pièces, en 1932 (chômage, crise sociale), par la fédération voulue des petites fêtes de quartier.

Je me souviens que, dès 1933, un journal titre : « *Les Fêtes de Bayonne ne sont plus ce qu'elles étaient.* » Vous n'avez rien inventé.

Je me souviens que les Fêtes sont de puissantes machines désirantes, machines à déparler, à dénaître, à délirer, à chanter, à danser, à oublier, à souvenirs.

Je me souviens que les Fêtes étaient encore au début des années soixante, la république du petit peuple bayonnais : plutôt crainte par la bonne société de la ville qui n'y envoyait que ses bonnes, puis ses enfants, bientôt rejoints par tout un chacun. La Ville nous offrait ses clés de carton.

Je me souviens que nos parents, d'à peine vingt ans de plus que nous, « *faisaient les Fêtes* » avec leurs amis, ils avaient moins de trente ans, ils étaient beaux, ils étaient vrais, je les enviais. Ils s'appelaient Jeannot, Simone, Pierrot, Raymonde, Jojo, Madeleine, Jean, Thérèse...

Je me souviens qu'ils remontaient tout étoilés de confettis (*Olé !*), et dès l'apparition du nylon, chemises et corsages troués par les escarbilles des *toros de fuego.*

Je me souviens du samedi de 1958, j'ai treize ans, on va regarder le Corso lumineux en famille, boulevard d'Alsace-et-Lorraine, à Saint-Esprit. Une farandole de garçons et filles passe devant nous ; le chef de banda (le fils du fossoyeur de Saint-Esprit) demande à mon père de me laisser partir avec eux... Bref conciliabule, rendez-vous de minuit au Théâtre, ma vie bascule, ma mère tique un peu, mes sœurs ne sont pas concernées... Mon père me file un billet : « *Ramène-le-moi... C'est juste pour paraître...* » C'était pour rire, il était très généreux.

Je me souviens de ce premier « lâcher » (comme on dit du premier vol de planeur en solo), suivi de plein de premières fois, dont le premier baiser (1958), elle était plus âgée que moi, portait le prénom de ma mère, un peu timides, nous n'avons même pas trouvé nos langues.

Je me souviens des trois ans où l'instituteur de Saint-Étienne nous prêtait ses deux filles que nous chaperonnions, Jeannot de Précilhon (mon cousin) et moi, avant de les raccompagner dignement, tout en haut de la rue Maubec, qui fût classée « col de 4e catégorie » en 1957, lorsque le tour de France l'emprunta.

Je me souviens des chansons couillonnes que nous entonnions gaiement (*Ô Léon, Léon, Léon*, etc.), avant l'hymne composé par l'étonnant Padrones : *C'est à baba, c'est à yoyo, c'est à Baba, c'est à Bayoooonneu, qu'on se bibi* etc.

Je me souviens de regretter parfois la naïveté des Fêtes... Ces types seuls qui traînaient toute la nuit un cageot (vide) du marché, leur seul ami, au bout d'une ficelle...

Je me souviens des « copains », Laurent, Rémi & Monique, Christian & Michèle, Claude & Bernadette, Jeanine & Roger que tout le monde appelait « Croye » (se prononce comme « Hendaye »), en raison d'une ressemblance supposée avec le capitaine Croy (série télévisée) ; ils avaient cinq ou six ans de plus que moi, ils chantaient, ils dansaient, les garçons avaient joué au rugby, ils m'auront plus appris — enfin, autre chose —

que l'université et ses sortilèges (1968-1998).

Je me souviens des deux qui chantaient comme des dieux mais qui ne chantaient que si le chant venait, jamais à la demande.

Je me souviens des deux qui aimaient se bagarrer, j'aimais séparer les bagarres.

Je me souviens de Christian D. (frigoriste chez Bourresmau), verre en main, devant le Bar du théâtre, disant doctement à deux heures du matin : « *Je suis un frigoriste perplexe.* »

Je me souviens que j'ai beaucoup ri et pas mal chanté dans ma vie, mais jamais comme aux Fêtes.

Je me souviens des corridas qu'on simulait, à la Plachotte (elle n'était pas éclairée en 1960, ambiance de baisers secrets et d'angoisse), le gros faisait cheval de picador, les filles acclamaient en gradins, l'un d'entre nous, de toute sa morgue, jouait des paso-dobles à l'harmonica, c'était moi.

Je me souviens de toutes les filles que j'ai embrassées aux Fêtes, leur prénom, leurs beauté (elles étaient « mignonnes »), elles étaient toutes drôles, intelligentes, sensuelles, je viens d'un temps d'avant « la pilule », avec son cortège d'interdits ivres d'imagination.

Je me souviens de celle qui portait un prénom de là-bas (Maïté) ; on se roulait dans l'herbe derrière les remparts, je n'ai découvert qu'en rentrant les escargots que j'avais écrasés dans nos emportements.

Je me souviens qu'on allait aussi loin que possible, mais quand on s'est retrouvés dans le clocher de l'église d'A. (Arcangues), elle repoussa ma main : non, pas ici, fit-elle...

Je me souviens des sensationnels états de corps, nous avons eu la chance d'ignorer le porno, le « *binge drinking* » et les fadaises.

Je me souviens des nuits inénarrables chez Cacotte, sa mère Aña n'était pas la dernière à faire la fête, on chantait « *Soy de Santurce* » assis en rang, par terre, ramant en cadence dans d'imaginaires « *traineras* », Lulu était à l'accordéon. Nous pouvions avoir cinquante ans et Aña, un peu plus.

Je me souviens que l'adorable « fille des allées Paulmy », faisait alors partie des rameuses les plus endiablées, elle qui n'a jamais admis que je n'étais pas un « fils de Saint-Esprit », mais pis encore, « de Saint-Étienne ». La fille des allées Paulmy dansait à ravir le fandango, mais s'agit-il bien de danser quand on vole ?

Je me souviens que jusqu'en 1966, je ne buvais pas une goutte. Pas d'inquiétude, je me suis fièrement rattrapé. Je me souviens de ma première murge (1969), et de cette miction avec Croye, dans un délire parallèle, nous venions d'ingurgiter des hectolitres de pastis, c'est en nous libérant interminablement, face aux étoiles, que l'ivresse m'a envahi, pure question de terminaisons nerveuses.

Je me souviens des petits matins avec Laurent, chez le boulanger Devant de la place Saint-Esprit, il y avait travaillé, il nous en faisait visiter les entrailles et déguster les premiers croissants.

Je me souviens de ce voisin de Saint-Étienne qui avait récupéré un pis de vache aux abattoirs qu'il dissimulait dans sa braguette, guidant doucement, l'air d'un Buster Keaton mystique, la main des dames dans la foule compacte de Chai Ramina ; quand la main arrivait au pis, le cri déclenchait une formidable tournée de rire.

Je me souviens des bagnoles hors d'âge que les bandes récupéraient dans les campagnes, décoraient, « customisaient », pour leur faire accomplir un dernier tour de Fêtes où elles venaient rendre l'âme.

Je me souviens du défilé dominical, le maire en tête (Henri Grenet quittait Bayonne pendant les Fêtes et ne revenait que le dimanche) avec celui de Pampelune, une fanfare ouvrait la marche, ils n'avaient pas dormi depuis cent ans, tenaient à peine debout, assuraient avec une énorme dignité, déterrés cuivrés, ils s'appelaient « Les Joyeux de Saint-Pierre-d'Irube ».

Je me souviens de l'apparition des peñas, les Pottorak, Lous Tilholès, leurs précieux costumes, la grâce des filles, comme je me souviens des modes successives, avant d'en arriver au rouge et blanc.

Je me souviens de toutes les musiques que les Fêtes continuent de porter, malgré cette impossible guerre des décibels, comme je me souviens du mystérieux déplacement des centres de gravité des Fêtes, au fil du temps.

Je me souviens de cette délicieuse agitation de crainte et de désir, en tout point semblable à celle qui précède l'étreinte, une manifestation politique, ou chaque fois que le train rejoint l'Adour - à chacun de mes retours à Bayonne, que j'ai quittée en 1962 -, cette délicieuse sensation d'enfance, dès que je passais le pont Mayou ou l'enceinte des courses de vaches. D'invisibles lignes de l'espace et du temps s'inscrivent dans mon corps.

Je me souviens de cette fin de course de vaches (6 août 1976), où pour pimenter la fête, « ils » sortent deux vaches à la fois : cependant que je contrôle parfaitement la première, la seconde en profite lâchement pour me prendre en plein dos, m'infligeant une « *voltereta* » stratosphérique, suivie d'un atterrissage un peu dur, quelques côtes en bouillie, un gros éclat de rire en guise de compassion, tout se termina à l'hôpital où j'allais calmer mes héroïsmes.

Je me souviens des Fêtes 1968 et leur climat, de celles de 1970 que les autorités interrompirent le samedi, avant de reprendre leurs clés et couper la lumière : la fête continua toute la nuit dans l'improvisation la plus débridée, d'elle-même, sur le podium de la mairie où jouaient normalement de formidables big bands.

Je me souviens de la féerie des *toros de fuego*, cette bouleversante conclusion, la couronne lancée vers le ciel des cieux, aujourd'hui interdite.

Je me souviens que, empêché, malade, ou à l'article, on peut continuer de faire les Fêtes *de tête*, il suffit d'en parler, tout revient. Les plus belles que j'ai faites, c'est de Besançon, où me retenait une cointe universitaire (1968). Je croyais en profiter pour couper le cordon, bricoler le deuil, entrer dans l'âge d'homme... Vers minuit, les Fêtes me rattrapent à l'heure du balcon et des clés, je suis avec Brian, un Irlandais compréhensif, nous avons transformé la brasserie de la « vieille ville espagnole » (Hugo) en Fêtes de Bayonne, dans une très convaincante apothéose collective.

(Je me souviens que Victor Hugo découvrit ses premiers émois grâce aux appâts d'une nurse anglaise ; c'est à baba, c'est à yoyo, et même au jardin public de Bayonne.)

Je me souviens que j'ai connu les 11e Fêtes de Bayonne. Je me prépare à la 91e édition. Pas mal.

CHICAS DE BAYONA

par Maria LARREA

Ce sont mes talents de faussaire qui m'ont amenée à mes premières Fêtes de Bayonne.

Avec une amie qui possédait une machine à écrire et de l'effronterie, nous nous mîmes à rédiger, dans sa chambre à coucher, le document factice d'une colonie de vacances imaginaire au Pays basque français, dans l'une de ses stations balnéaires élégantes. Vendons du rêve : journées de plage, balade à cheval au soleil couchant, voile, surprises-parties et bourgeoisie. Voilà ce que j'allais faire gober à mes parents, sévères et terrorisés à l'idée que je vive ma vie d'adolescente délurée, pour qu'ils me laissent partir quelques jours loin d'eux.

Je n'étais jamais partie en classe verte mais voilà, j'avais dix-sept ans, envie d'en découdre avec les garçons, la fête et l'alcool. Je devais cet été-là, celui de l'âge plus trop ingrat et plein d'espérances érotiques, m'éloigner d'eux, de Paris, d'un mois d'août pénible à attendre la rentrée en première. J'avais fait fantasmer mes amies : nous devons aller aux Fêtes de Bayonne ! J'avais lancé la rumeur auprès de quatre filles ; à l'une puis à l'autre, j'avais vanté les mérites d'une grande réunion, de jeans blancs moulants, de garçons en joie, de musique populaire et de liesse. Liberté fin de siècle, 1996, bientôt la majorité, l'université, la vie presque rangée. C'était devenu le mot d'ordre : tirons-nous, organisons notre évasion, nous devons passer notre premier été seules, sans chaperon ni obligations.

Je regardais chaque été avec mon père les *Sanfermines*[1] à la télévision espagnole, nous étions une famille d'immigrés de Bilbao, ville où nous allions passer le mois de juillet, où le téléviseur du bar diffusait les *encierros* de Pampelune, la course des taureaux jusqu'à l'arène. J'avais les yeux rivés sur l'écran où défilaient les images qui resteraient gravées, persistance rétinienne de la foule cosmopolite et écervelée qui se lance dans les ruelles de la ville chaque matin, des saoulards du petit jour, les blessures des touristes américains irréfléchis et fans d'Hemingway, venus pour vivre le grand frisson.

Je savais qu'il y avait une fête miroir côté nord, à Bayonne. Le mythe était même accessible en TGV depuis Montparnasse, Paris, là où nous vivions notre triste vie. Une fête à laquelle on aurait notre droit d'entrée, une célébration où chacun était invité d'office, une fête démocratique - jusque dans la gueule de bois.

J'avais vendu mon affaire : on dansera ! Allez !

Et j'avais réussi mon coup : quatre filles dans le vent à l'allure de Spice Girls (c'était l'été de « *Wannabe* ») se greffaient à mon plan. Leurs parents étaient d'accord, on louerait le dernier appartement disponible de la ville, un studio qui accueillerait nos brosses à cheveux, nos pyjamas encore teintés d'enfance et nos rêves de patins sous la pleine lune au son des bandas.

---

1. Fêtes de Pampelune.

Je tends la feuille A4 présentant sommairement la fausse semaine de vacances pour jeunes, et j'annonce : c'est 1 500 francs. Je supplie. Croise les doigts dans le dos. Je ne sais toujours pas aujourd'hui comment ce miracle de mythomanie a fonctionné.

C'est un matin de juillet, je prends le train avec deux blondes, deux brunes, et mes cheveux châtains, pas encore verts ou roses. Ça viendra.

L'été ne terminait pas sa course que nous commencions notre première aventure sans filet, lycéennes sans autorité parentale, on déballait nos valises.

J'avais prévenu, du blanc, prenez tout ce que vous avez de blanc.

Tout commence ce soir. Mangeons, oui mangeons bien, parce que je vous le dis, on va boire, mesdemoiselles. Vous goûterez bien un peu de vin et de soda ? la diabolique boisson de la région. Je leur parle de l'épouvantable *kalimotxo*[2]. Elles sont d'accord pour aller jusque-là. On s'inspecte devant le miroir, la tenue exigée est respectée, les communiantes vont se dévergonder. Il ne manque plus que le foulard. On entend la clameur. Dépêche-toi. Parfum, baume à lèvres, queue de cheval haute. Baskets immaculées.

Il faudrait tout de même que je trouve une cabine téléphonique. On rassurera chacune notre tour les parents inquiets. Je joue la jeune fille rangée en colonie : la nourriture de la cantine est lamentable, effet immédiat d'empathie culinaire, *pobrecita*. Et j'embraie sur une affabulation d'arrivée dans les dortoirs, de matelas trop dur mais de bonnes bandes d'amis, de moniteurs sympathiques et d'une sortie à la plage le lendemain. Ils ne sauront jamais que je suis arrivée au petit matin

2. Cocktail à base de vin rouge et d'Euskola.

sur la Côte des Basques, au lever du jour, sans avoir dormi un instant. Ils ne verront pas plus la largeur de mes pupilles alors, s'abreuvant des premiers rayons du soleil, dilatées jusqu'à faire disparaître leur iris vert. Le centre de mes yeux contenait la profondeur de la nuit dans cette aube océanique.

Le dernier coup de fil terminé, je hurle « *¡VAMOS!* ». En avant ! Et nous nous mettons à courir, vers le cœur battant de Bayonne. Le tapis humain est là, on veut aller plus vite, on dépasse des groupes, ça résonne, il y a encore un pont à traverser. Le pont Saint-Esprit, mâtiné de l'archange déchu, il nous mène vers l'espérance de la rencontre, des nouvelles amitiés, d'une communion des regards. Les corps se rapprochent de plus en plus.

Courir encore. Courir, fiévreuses, va-t-on ? Et si ? Et si ? J'avais mal au ventre. Ça se tord et ça se noue, tout s'enroule à l'intérieur, la douleur joyeuse, celle qui se joue, grandit avant l'apothéose de la fête. Le frisson qui commence, la plissure des joues : je ne peux m'arrêter de sourire. J'entends alors le son du *txistu* et je penche mon visage, je veux me cacher du regard des filles. Je ne voudrais pas qu'elles me voient pleurer en entendant une mélodie aux sons aigus, pincés, sortant d'un flûtiau folklorique. Parce que c'est ce qui m'amène ici, sur mes chères rives de l'Adour, en Iparralde. Je crois fuir ma famille, mais je m'y jette de tout mon saoul. J'ai vendu de la bombance et de la romance, mais ce qui me fait chavirer, c'est d'être au Pays. C'est mon cep intérieur qui s'abreuve à sa source, à chaque détour d'une rue, dans la vague blanche, le tissu rouge qui ceint mon cou, dans les chorales d'hommes que nous allons écouter : partout, j'assouvis ma faim d'Euskadi. Tendre patrie, paradis rêvé que je ne connais que quelques semaines par an, pendant les congés payés des vieux ou les récits picaresques de mon père. Je guette dans les regards de mes amies, sous leur poitrine, cette émotion, quand soudain, on nous enlace, des mains se posent sur les épaules de chacune, on nous entraîne toutes dans la ronde.

Je danse mais continue d'observer. Mes amies, dites-moi que vous aimez. Rassurez-moi, vous sentez ça aussi ? Et je le vois, le sortilège a pris, les joues sont écarlates, les premiers verres sont partagés, œillades, pas de danse. La joie simple s'incarne en nous, nous écrivons notre vie dans ce bal, folle alliance de milliers d'âmes ardentes. Pour quelques jours encore, la fièvre ne nous quittera pas.

Ce qui s'est passé cet été-là, ces quelques jours où nous fûmes sœurs bayonnaises, je le garde pour mon gang, celui des filles faussaires et complices. Quelques fluides furent échangés, mais surtout, je crois que ce qui circulait, ce que j'ai offert à mes comparses, c'est un peu de mon sang basque.

Elles ne seront plus jamais comme avant, je le sais.

Elles n'oublieront pas le son du *txistu* et les chants en *euskara*[3].

Je sais qu'elles ont gardé, depuis, dans un tiroir, un foulard rouge.

Notre insouciance couleur carmin, dénouée et pliée, ne disparaîtra pas.

3. En langue basque.

BASQUE TEL EST MON BON VOULOIR...

par Jean-Paul ALÈGRE

(Nous sommes à Bayonne, sur les bords de la Nive, à quelques encablures du confluent avec l'Adour. Le Roi Léon, un peu replet, et apparemment un peu triste, est assis au bord de la rivière.)

La Nive : Salut, Léon ! On se la coule douce ?

Le Roi Léon : Venant de toi, l'expression prend tout son sens... en fait, je me sens désœuvré... un peu désabusé...

La Nive : Qu'est-ce qui t'arrive encore ?

Le Roi Léon : Tu sais, ce n'est pas facile de n'être roi que quelques jours par an, puis d'attendre que cela revienne dans un hangar glacial en hiver et surchauffé en été !

La Nive : Plains-toi ! Tu en connais beaucoup, des souverains qui ont ta cote de popularité et qui sont salués tous les ans par des milliers de *festayres* en délire ? N'oublie pas que chaque année, le moment de ton réveil est attendu, désiré, fêté par une foule en joie !

Le Roi Léon : Oui, mais tout s'arrête si vite...

La Nive : C'est la vie, mon vieux ! On ne peut pas tout avoir... Regarde, moi, tu crois que c'est toujours simple, mon boulot de rivière ?

Le Roi Léon : Tu plaisantes ? Tu es libre, tu vas où bon te chante...

La Nive : En suivant mon lit...

Le Roi Léon : Si on veut. Tu te permets quelques bonnes incartades de temps à autre, et tu n'hésites pas à inonder certains quartiers de ma bonne cité !

La Nive : Il faut bien s'amuser un peu... Et, tu vois, la routine, ce n'est bon ni pour les humains, ni pour leurs cours d'eau... D'ailleurs, toi, tu es le symbole de l'anti-routine, non ?

Le Roi Léon : C'est-à-dire ?

La Nive : Lorsqu'on te réinstalle sur ton trône, pour la période des Fêtes, c'est une manière d'oublier pour quelques heures, quelques jours, nos habitudes, nos certitudes, nos doutes, nos soucis, nos sentiers tracés, nos horaires réguliers, nos repères, nos sillons et nos sillages, non ?

Le Roi Léon : Tu me remontes le moral, la belle ! Mais toi, par exemple, tu es toujours pareille mais jamais la même...

La Nive : Bien vu, Sire ! Moi, je suis née dans la montagne basque, j'ai entendu le claquement sec de la pelote et le chant du chistera en passant au pied du fronton de Saint-Jean-Pied-de-Port, j'ai fait le dos rond sous le pont du Diable à Bidarray, je me suis bercée des tirades de Cyrano à Cambo, j'ai soigné mes torsades vertes et blanches, de roches en rochers, de durs galets en douces langues de mousses soyeuses, pour arriver ici, à Bayonne, et rencontrer ce gros lourdaud d'Adour, qui fait le fanfaron parce qu'il a gagné ses galons de fleuve grâce à l'ingéniosité des hommes qui l'ont détourné jusqu'ici...

Le Roi Léon : Jalouse ! L'Adour est majestueux, comme moi...

La Nive : Taratata ! Pendant les Fêtes, quand la marée blanche striée de rouge irrigue les rues de la ville, c'est moi qui donne le tempo. Je me glisse au cœur de notre cité, et tu n'imagines pas le travail que cela représente pour être là, au bon moment, fidèle au rendez-vous des jours de liesse...

Le Roi Léon : C'est vrai ! Je n'y avais jamais pensé, comment réalises-tu ce tour de force ?

La Nive : Quand je me suis fondue dans l'Adour, nous allons ensemble à la rencontre de l'océan. Alors là, je ne te dis pas, ça bouge, ça remue, ça claque, ça gronde, ça chante, ça danse, ça va, ça vient, tiens, exactement comme les Fêtes, justement. Mais pour ne pas rater le rendez-vous de l'année suivante, il faut vite que je trouve le bon moment pour m'évaporer. Et là, c'est délicat, car il faut que je choisisse de rejoindre un bon nuage, pour que celui-ci me transporte vers la montagne basque... Il s'agit de repérer les vents qui vont nous porter du bon côté. Eh oui, mon petit père, si tu ne fais pas gaffe, tu as vite fait de te retrouver de l'autre côté de l'océan, dans des pays où ils ne savent pas faire la fête comme nous ! Tiens, une fois, j'ai même glissé latéralement jusqu'au Brésil, et j'ai vu le carnaval de Rio. Eh bien, je vais te dire, bon, faut reconnaître que ça a de la gueule, d'accord, mais rien à voir avec Bayonne, je t'assure ! Bref... Une fois calée dans mon brave petit nuage, il faut le convaincre de créer une jolie pluie, du côté d'Esterençuby. Et du coup, je retrouve ma source et mon lit, et hop, c'est reparti pour un tour...

Le Roi Léon : Plutôt complexe, en effet. Moi c'est plus simple. On me sort du hangar, on rafraîchit mon costard, on me flanque sur le balcon de l'hôtel de ville et ça roule !

La Nive : Tu vois que tu n'es pas si malheureux... Tandis que moi, en plus, parfois, je suis en avance et je risque de passer à Bayonne avant que les Fêtes ne soient commencées !

Le Roi Léon : Mince ! Que fais-tu dans ce cas ?

La Nive : J'ai un truc. Je me cale dans un tourbillon du côté d'Itxassou et j'attends que l'on lance les clés du balcon de la mairie. Par contre, quand je suis en retard, ça arrive aussi si mon nuage porteur s'est un peu égaré, je prends les rapides dans le coin d'Ossès, je noue mon foulard rouge, ça se marie bien avec le blanc argenté de mes volutes, et je ne rate rien de nos folles journées !

Le Roi Léon : À t'entendre, je comprends mieux la petite tristesse que je ressens si souvent. Car dès l'ouverture des Fêtes, alors que l'on me chante dans les rue, je sais bien que chaque minute qui passe m'amène inéluctablement vers les dernières notes, celles de la journée de clôture, où mon si court règne va se mettre entre parenthèses pour une si longue période...

La Nive : Cher Roi, tu sais bien que toute lumière contient son ombre, que notre pays est celui qui sait si bien faire la fête, mais qu'il ressent aussi que les nuits de brume, sur la forêt d'Iraty, font naître cette mélancolie qui enveloppera nos journées d'hiver, quand nos arènes seront redevenues silencieuses, nos plages désertes, et que se mêleront la nostalgie de la fête passée et l'espoir de la fête à venir.

(Un temps.)

Nos Fêtes sont belles, Léon, parce qu'elles s'arrêtent un soir...

Le Roi Léon : Je sens bien que tu as raison...

La Nive : Et, vois-tu, j'ai justement une bonne nouvelle à t'annoncer. Tu connais Peyo et Gorka ?

Le Roi Léon : Bien entendu ! Ce sont de remarquables *festayres.* Ils ne manquent jamais une occasion de me rendre hommage et ils savent faire la fête avec tonicité et élégance...

La Nive : Comme c'est bien observé ! Eh bien, ils ont eu une idée formidable.

Le Roi Léon : Tu me mets l'eau à la bouche !

La Nive : Normal pour une rivière...

Le Roi Léon : Évite les mauvais jeux de mots, et dis-moi vite...

La Nive : Eux aussi, comme toi, ils ont bien ressenti le côté éphémère de notre grand rendez-vous annuel. Et ils ont estimé que ce serait formidable de le pérenniser un peu.

Le Roi Léon : Je ne suis pas sûr de bien te comprendre, là...

La Nive : Bien sûr ! Sans vouloir te vexer, tu n'es qu'un roi, on ne peut pas te demander d'avoir la subtilité de nous autres, les rivières.

(Un temps.)

Alors, en mots plus simples. Pour que les Fêtes aient une mémoire, que les souvenirs ne s'envolent pas trop vite, ils ont décidé de les coucher sur des feuilles, des pages, et de les ranger sous une couverture...

Le Roi Léon : Une couverture ?

La Nive : Oui ! De livre ! Celui qui va rassembler les histoires, les textes, les pensées que toutes celles et ceux qui estiment que nos Fêtes représentent un moment important et une expérience humaine irremplaçable ont bien voulu confier au « Basque & La Plume », le concours littéraire des Fêtes de Bayonne.

Le Roi Léon : Quelle riche idée ! Royale, à vrai dire...

La Nive : Eh oui ! Comme ça, entre deux éditions, et des Fêtes et du concours, tu pourras lire tranquillement ces mots, ces phrases, ces points d'interrogation, ces points d'exclamation, de suspension, ces virgules qui se couleront sur les pages de nos souvenirs comme je chemine vers la cité depuis toujours... Ainsi le temps te paraîtra moins long, et l'attente de ton réveil n'en sera que plus douce...

Le Roi Léon : Merci, la Nive ! Et je vais te confier le fond de ma pensée : si je suis le roi des Fêtes, tu en es la princesse. Et puisque tu voyages d'océans en nuages, je te nomme officiellement ambassadrice des Fêtes de Bayonne !

La Nive : Je suis flattée... mais pourquoi cet honneur ?

Le roi Léon : Tout naturellement parce que cela coule de source... et *basque* tel est mon bon vouloir !

(Léon se lève alors majestueusement, s'éloigne en sifflotant « Ah ! Léon, Léon, roi de Bayonne... ». Il esquisse même un pas de fandango. La Nive, elle, sourit, ce qui est le propre des rivières, et ouvre le livre que vous tenez entre les mains en murmurant « Un concours littéraire des Fêtes de Bayonne ? L'année prochaine, j'envoie un texte ».)

BAYONNE EST UNE FÊTE

par Frédéric BEIGBEDER

Cette histoire se passe à la fin du mois de juillet. Je venais de jeter une clé en polystyrène, mesurant un mètre, du balcon de l'hôtel de ville, sur une foule uniformément vêtue de blanc et rouge. Un coup de vent me renvoya l'objet dans la figure ; je suppose que je suis le seul magicien capable de transformer la clé de la ville en boomerang. C'est ainsi qu'on a l'air stupide devant trente mille Basques. Ouvrir les Fêtes de Bayonne est supposé être un grand honneur, encore faut-il s'y connaître en lancer de clé - j'aurais dû m'exercer sur la plage ou dans mon jardin. Pour me remonter le moral, un groupe d'amis m'entraîna dans un restaurant au bord du fleuve. Le foie gras, le jambon et le txakoli me firent vite oublier mon humiliation publique. Après quelques chansons, je fus abordé par une brune un peu éméchée.

— Vous êtes le pire lanceur de clé de l'histoire des Fêtes de Bayonne.

— Je le crains.

Le noir de ses cheveux contrastait avec sa robe blanche et ses yeux clairs. Quand un poète est face à la beauté, il se prosterne, même si la beauté peut avoir l'alcool agressif, à huit heures du soir.

— C'était un spectacle lamentable. Vous êtes la honte de votre famille, sur six générations.

— Merci de me parler quand même.

— J'ai pitié de vous.

— La mairie m'a peut-être choisi pour respecter le quota légal de handicapés.

Je me demandais comment sa robe tenait sur son corps tout en laissant admirer ses épaules. Ce bref morceau de dentelle blanche me semblait un défi aux lois de la gravitation. La personne savait lire dans mes pensées :

— C'est parce que je ne porte pas de soutien-gorge. La robe tient sur mes seins nus.

L'intérêt des Fêtes est de suspendre le temps, pour nous rendre heureux quelques instants. Dieu a créé un monde parfait (c'est ensuite que les choses ont merdé), et parfois une robe échancrée nous renvoie au paradis perdu. Enhardi par les musiciens qui jouaient de la flûte dans nos oreilles, je suivis cette fille dans une peña bondée qui sentait la bière, la sueur et la joie. Je me prenais pour un personnage de Mérimée ou Loti, enfin un Parisien mi-saoul, mi-romantique, avec une barbe soigneusement taillée, qui essaie de se faire passer pour un local. Quelques gin tonics nous rapprochèrent moins que les bousculades. Je ne comprends pas les agoraphobes : quand il y a trop de monde, les timides ont enfin une excuse pour se frôler, s'effleurer, se harceler légalement. Je soupçonne cette tradition des Fêtes d'avoir été inventée il y a un siècle par un maire solitaire qui voulait s'approcher d'un être insaisissable. Il décréta que des millions de personnes devaient déferler dans les rues, au bord de la Nive, afin de rompre son isolement. J'espère qu'il fut satisfait de son œuvre. Moi, je lui en veux un peu, vous comprendrez à la fin pourquoi. J'en profite pour glisser un conseil aux nouvellistes débutants : la chute, c'est crucial. Je vous préviens : la mienne sera pathétique.

La fille m'invita à danser ; elle avait de belles dents carrées, que Mérimée ou Loti auraient comparées à des amandes fraîches ou des dragées vernies, et son sourire à fossettes, sous une chevelure parfumée aux fruits rouges, était insupportable. Une brune avec des taches de rousseur ? Je ne savais pas que cette anomalie existait, mais ses yeux étaient beiges, couleur de moutarde ou de miel, ceci expliquant peut-être cela. J'aimais aussi ses boucles d'oreille, des créoles argentées qui luisaient sous les lampions, comme ces anneaux qu'il faut transpercer avec une baguette, dans les manèges d'enfants. Or je suis un enfant qui bande, comme dit Roland Barthes. J'ai laissé tomber mes potes pour la suivre ; je savais qu'ils ne m'en voudraient pas. Quand une jolie fille apparaît, c'est la panique, sauve qui peut et chacun pour soi. La nuit tomba à nos pieds. Elle me prit par la main et c'était exactement ce que j'attendais depuis ma naissance. Ma tête tournait mais je me sentais bien, comme un surfeur sur une vague : il sait que ce bonheur ne durera pas, mais il s'en contrefiche, il bombe le torse avant la noyade. Quand Bayonne tourbillonne, c'est que la ville est une fête ; il faut alors se laisser porter par un prénom qu'on ignore encore, entre les ampoules rouges et les lampions verts. La jolie brune aux épaules nues m'a embrassé dans une ruelle encombrée d'orchestres et de rugbymen. Nous chantions faux mais le reste sonnait vrai. Sa langue sentait l'ail mais la mienne aussi. Nous étions si charmants que les *festayres* ont applaudi et formé un cercle autour de nous.

— Vous voyez, je ne suis pas si ridicule, ai-je dit.

— C'est grâce à moi. Vous devriez me remercier. Je vous rends populaire.

Je crois bien que nous avons salué la foule avant de déguerpir en courant, en nous tenant par la main. La sienne était moite mais douce et ferme. Nos doigts se sont entrecroisés dans le Petit Bayonne.

Pour la remercier d'être tombée amoureuse de moi, je lui ai offert du poulpe grillé : je suspendais le tentacule au-dessus de son visage en l'agitant comme s'il vivait et elle ouvrait les lèvres pour l'attraper en riant, tel un orque affamé. Ensuite arriva la tournée de shots. Une horreur : un mètre de tequila à descendre cul sec, chacun commence à une extrémité et le premier arrivé au milieu a gagné. Elle m'a devancé de trois verres. La réalité s'éloignait de moi. Aimer quelqu'un dans ces conditions équivaut à un accident de la route. J'étais à la fois comateux et debout. La cathédrale brillait entre les confettis et les serpentins. J'ai cru en Dieu, brièvement. Quand je me suis penché dans son cou, en sentant ses seins contre moi sous le tissu, je sus qu'elle n'avait pas menti sur l'absence de soutien-gorge. Je ne vais pas vous raconter nos activités sexuelles, ensemble, debout, entre deux voitures, dans l'obscurité, au fond d'une cour pavée, contre une maison bancale. Ce genre de plaisir n'est pas descriptible, surtout en 2023 : une rencontre aussi rapide est aujourd'hui illicite. Le temps que je me remette de mes émotions, elle avait disparu. Je l'ai cherchée toute la nuit, mais je ne pouvais pas l'appeler par son prénom, puisqu'elle ne me l'avait pas dit. J'ai suivi d'autres brunes, en vain. Quand elles se retournaient, je comprenais qui je venais de perdre. J'ai rejoint mes amis qui ne me croyaient pas. Comme un abruti, je ne lui avais pas demandé son téléphone, et les réseaux sociaux n'avaient pas encore été inventés. Ma vie était définitivement fichue. J'ai erré dans toutes les bodegas, ainsi que le lendemain, et le surlendemain, sans la retrouver. Depuis, je reviens tous les ans aux Fêtes de Bayonne, toutes les nuits, dans tous les bars, et si vous me rencontrez, en pleurs, devant un mètre de tequila, désormais, vous savez pourquoi. Bayonne est un rêve mais c'est aussi mon cauchemar. Et maintenant, contemplez ma chute.

Je suis devenu écrivain pour rechercher quelqu'un qui n'existe pas.

« BAYONNE EST UNE FÊTE »

par

LA LAURÉATE & LES PRIMÉS DU CONCOURS EN FRANÇAIS

Édition 2023

ORDAGO

par Isabelle MAURY GELES

La vie est un jeu, jouez-la
Mère Teresa

Vingt ans que ça dure. Vingt ans que j'attends ce dimanche des Fêtes. Vingt ans que l'année compte trois cent soixante-cinq jours moins deux heures.

Je m'appelle Julie, j'ai trente-sept ans et je suis maman de deux enfants. Je suis membre actif de l'APE de l'école des Arènes, j'amène mon fils toutes les semaines s'entraîner à Jean Dauger et ma fille répéter à Lous Thilloles[1]. J'ai une famille aimante et des amis extraordinaires, à moins que ce ne soit le contraire. J'ai un mari rassurant et un métier passionnant, à moins que ce ne soit le contraire. Ma vie est rangée, organisée, heureuse et je suis épanouie. J'aime profondément mon mari et je ne l'ai jamais trompé. Jamais. Mais.

1. Banda bayonnaise qui anime les Fêtes.

Chaque dimanche des Fêtes, à 22 heures précises j'oublie tout ça. Beaucoup se préparent à passer cinq jours de fêtes, de rires, de souvenirs en devenir. Certains vont se lâcher et devenir un autre pour quelques jours, moi j'attends juste le dimanche à 22 heures pour être moi-même. Le compte à rebours a démarré :
mercredi on ressort les tenues et on se retrouve le midi avec les collègues - 5 ;
jeudi la journée des enfants - 4 ;
vendredi avec les copines « ce qui se passe à Bayonne reste à Bayonne » - 3 ;
samedi au tour des copains qui viennent de loin - 2 ;
dimanche midi les bandas à la Peña Cacao entre amis - 1 ;
Et juste pour nous dimanche 22 heures, toi et moi pour cent vingt minutes - 0.

La première fois on avait dix-sept ans. La première fois. Rendez-vous avec mes parents toutes les heures au Killarney ; les Fêtes on les connaît depuis la poussette et même avant. On reste entre copines ; les premières marches seules dans les rues du Petit Bayonne sont magiques, Neil Armstrong sait de quoi je parle. Ça te prend au cœur, au ventre, c'est parti ! Toi tu étais avec ton cousin, tu descendais de Bordeaux chaque été dans ta maison familiale à Anglet. De suite on savait, on s'est regardés, on s'est presque sentis contre ce comptoir collant de Chai Ramina, les Converse pleines de sciure. On s'est embrassés beaucoup, longtemps, passionnément. Ce fut le soir des premières fois. Ensuite l'été, l'amour de vacances puis la distance pour les études et à dix-huit ans Bordeaux-Paris c'est la lune. Toujours en contact toujours en confidences et le jeu a commencé. Peu importe où tu es, avec qui tu es chaque dimanche soir des fêtes à 22 heures tu quittes tout et on se retrouve Chai Ramina. À cette heure-ci c'est l'effervescence, les familles se pressent pour aller voir le Corso, les jeunes profitent des dernières heures puis le feu d'artifice et les chants devant la mairie. Et toi et moi on est contre ce comptoir dégueulasse. Ça fait vingt ans que c'est compliqué de s'éclipser pendant deux heures, même les copines ne savent pas. Elles me couvrent bien sûr mais ne savent pas pourquoi. Elles ne demandent même pas. Au début oui bien sûr mais depuis quelques années elles ne questionnent plus. Contre ce comptoir on se regarde on se parle on se touche puis on s'éclipse à l'hôtel des Basses-Pyrénées. On fait l'amour ; quelques minutes hors du temps, sans âge sans histoire sans loyauté. Pendant la douche on se parle encore puis on remet cette tenue rouge et blanche, à l'année prochaine.

Au loin déjà j'aperçois les carreaux bleus et blancs, mon coeur s'emballe. Au fond du bar j'aime t'observer furtivement, les minutes sont comptées. Je me fraye un chemin lentement parmi cette foule, anonymement, en prenant garde de ne croiser aucun regard. Les mêmes yeux les mêmes odeurs les mêmes frissons. Je garde un flacon d'Angel caché au fond d'un tiroir juste pour ce dimanche soir ; toi aussi je sais. Notre breuvage commandé on refait le monde, on se raconte l'année qui vient de s'écouler mais juste les grandes lignes, déjà nos corps sont électriques. La Jacqueline[2] de cette année est encore plus suave que le cru dernier. Au milieu des cris, des rires, de la musique nos doigts se frôlent, nos regards se connectent. À la première bousculade je me blottis dans tes bras, là à ma place. Notre débit se fait plus lent, nos voix deviennent murmures ; alors les caresses s'accélèrent, nos baisers deviennent indécents et c'est précisément à ce moment-là que la deuxième mi-temps commence. Tu me prends la main et nous sortons dans la rue. Il faut se faufiler dans la foule, frôler d'autres corps, esquisser des sourires et crier des pardons. L'adrénaline monte, le danger est dans chaque regard, à chaque seconde. Plusieurs fois on a rencontré un ami, un voisin, une épouse même ; on se lâche alors la main comme brûlés par le feu qui nous anime

2. Cocktail alcoolisé contenant du vin blanc, de la limonade et de la grenadine.

depuis quelques minutes et on se sépare. On sait où on va. Tu as déjà réservé la chambre bien sûr, au nom d'Etcheverry évidemment. Incognito à Bayonne.

Chacun de ces dimanches 22 heures a été unique.

2006 tu deviens papa ; mes jambes me lâchent, je feins le détachement et tu fais semblant d'y croire. Tu l'as appelé Léo ; comme c'est drôle on avait imaginé cent fois le prénom de nos enfants et tu l'as fait, ce Léo, avec une autre. Voleur de prénom.

2010 c'est à mon tour je suis enceinte de cinq mois. Ce sera mon premier bébé. Nous resterons collés l'un contre l'autre dans ce lit qui ne nous a jamais connus si sages. Tes mains se baladent sur mon corps tes lèvres redécouvrent mes formes et tes mots apaisent mes peurs.

2012 tu divorces, bizarrement je ressens une vague de bonheur légère mais bien présente. Après la douche tu m'offres ce collier de fleurs rouges et blanches et un portable prépayé. Tricheur ! On ne change pas les règles du jeu, je prends le collier et laisse le portable, à l'année prochaine.

2015 ta mère est morte. Tu pleures pendant de longues minutes doucement puis tu hoquettes, tu convulses presque tu es tellement abattu, triste à mourir, tu souffres tant. Tu te laisses aller sans aucune retenue, aucun filtre puis tu retrouveras ta force de vie dans ce lit, aux sons du feu d'artifice.

2020 année en pause, vie entre parenthèses, il n'y aura pas de Fêtes pas de dimanche 22 heures pas de bulle.

2021 tu as versé une larme quand je t'ai dit pour ce cancer, ce n'était pas si grave mais tu as vacillé mon roc. Les traitements vont bientôt commencer, les prochaines Fêtes je serai là.

2022 tu le savais déjà mais tu es venu quand même. Merci. Pardon. La partie est terminée. Ce coup-ci je ne serai pas mauvaise perdante, je me suis bien battue et notre jeu était magnifique.

NUITS BLANCHES ET ROUGES

par Fabrice GABLE

— Comment vois-tu la scène d'exposition ?

- Une séquence bien rythmée, succession de plans. Le premier, c'est un zoom sur le visage d'une joueuse, elle te ressemble un peu.

— Merci... sympa. Je te fais penser à une rugbywoman ?

— Oui, une jeune femme jolie, comme toi, elle semble tendue, assise sur le banc d'un vestiaire ; elle est entre deux eaux. En fond sonore, des crampons tapent le carrelage, le souffle de ses coéquipières prend de l'ampleur, une ou deux « gifles » pour se réchauffer les joues résonnent, peut-être avec une harangue par-dessus, leur capitaine sûrement. Elle a passé son short ; un justaucorps technique, elle remonte ses chaussettes, l'une après l'autre puis elle cherche à enfiler son maillot avec difficulté. Une main extérieure l'aide à l'ajuster au niveau des épaules, si besoin on aperçoit le sponsor, le « Café Moka », je t'expliquerai. Elle fixe la caméra, l'air déterminé. *Cut.* Nouveau mouvement, on devine un homme, dans une chambre d'hôtel, debout. Il se prépare, *entre sol y sombra.* Un aide lui ajuste un à un ses habits de lumière. C'est le calme avant une tempête. Il lui passe des bas, fixe bretelles, cordons, le gilet, la veste, un cérémonial quasi religieux. L'homme se retrouve face caméra, frêle, presque un enfant, déterminé, regard vide, mais serein... Nouveau *Cut.* Plan rapproché sur une main, ouverte, levée, coude sur une table. Un soigneur colle dessus du sparadrap, ajoute des petites bandelettes épaisses, des « tacos ». Tu entends le bruit de ciseaux qui grincent. Cette main, tu vas comprendre qu'elle appartient à un joueur de pelote. C'est un métis, typé cubain. Il porte un pantalon blanc, haut rouge, costaud, félin. Ellipse, tu le retrouves au trinquet, il tape la pelote deux fois au sol, se lance et la frappe avec sa main qui monte vers le haut dans un geste fluide et puissant. Là, générique d'ouverture, au moment où on entend le bruit mat du rebond sur le fronton, le titre arrive. Bam.

— Et ça s'appelle ?

— Je ne suis pas encore sûr, il faudra en discuter. Pour l'instant, c'est *Festayre.* Peut-être que ça sera *En vie*, on en reparlera. Derrière, ça enchaîne direct, une foule de jeunes courent dans tous les sens, dans des rues, comme si une balle allait bientôt les renverser. On devine le taurillon dans leur dos. Là, travelling vertical, on passe au-dessus d'eux, l'espace apparaît rouge et blanc. C'est clair, notre histoire va se dérouler pendant les Fêtes de Bayonne... Enfin, mouvement vers le sol et on se retrouve sur une plage, plein soleil, pour retrouver notre groupe de jeunes, serviettes, casques de moto, planches de surf plantées, deux filles bronzent, trois garçons avec elles, ils font les malins, déconnent, se branchent. Et pas loin, Pantxoa les observe.

— J'aime bien, bon début... J'aimais aussi ta première

version quand tu retombais sur la joueuse, le pelotari et le torero, l'un contre l'autre dans un bus pendant vos Fêtes. Tu crois vraiment qu'une histoire d'amour entre ados, un été, sur quelques jours, va intéresser le jury ? Et puis, je ne vois pas où on trouvera les moyens d'avoir une grue pour un court métrage, un simple film de fin d'études.

— Clara, je suis sûr que ça va marcher, on va se démerder. Il y a encore du boulot sur l'écriture. L'idée n'est pas de tourner *La Boum* à Bayonne. On aura de l'humour potache, quelques gouttes de faux sang et des éclats de rire... Ma référence, c'est entre *La Folle Journée de Ferris Bueller* et *Grease* dans le Sud-Ouest. Ce n'est pas moi qui vais refaire *Un été 42*. Si tu es ok, ce que je propose, c'est fin juillet, on part tous les deux quelques jours pour un repérage rapide, des notes d'intentions, nous n'aurons plus qu'à finir d'écrire entre septembre et décembre pour filmer l'été suivant. On s'installe à Anglet dans le petit appart de famille, tu auras une chambre et moi le canap. Je dois pouvoir le récupérer. Ça nous laissera du temps pour chercher un peu de « love money » pour le matériel, les frais et pour « caster » nos acteurs. Des figurants, on en trouvera sur place avec les potes.

« La vie passe tellement vite. Si tu ne t'arrêtes pas pour regarder autour de toi de temps en temps, tu pourrais la manquer. »

C'est ça, sa référence ?

Je ne savais pas quoi en penser, mais c'est comme ça que je me suis retrouvée deux mois après à Anglet, avec lui. Là-bas, il n'était plus François, c'était bien lui le Pantxoa de l'histoire. Je n'y connaissais rien à ses Fêtes. Je ne savais pas s'il avait inventé ce projet de film pour me faire venir avec lui ou s'il était sérieux. Ou les deux.

Nous avions rendez-vous un midi à la Négresse, je n'avais pas compris, jusqu'à ce qu'il me dise que c'était l'ancien nom de la gare de Biarritz. J'allais passer quelques jours à devoir décoder ce qui se passerait autour de moi. Il est venu me chercher en voiture, on devait passer au BAB pour que je me « refasse une beauté ». Charmant, ça démarrait moyen son cours de drague.

On s'est retrouvés dans un hyper, il m'a aidée à choisir trois tee-shirts, une jupe et un pantalon, tous blancs, une ceinture et un foulard, rouges évidemment. Un peu lourdaud, il m'a demandé si j'avais besoin d'un maillot de bain, c'était la plage notre prochaine destination.

C'est là que le choc tellurique a commencé.
J'ai découvert la vague basque. Je l'entendais déjà gronder depuis notre petit studio.
Moi, habituée d'une autre mer, l'Atlantique m'a soulevée. Cet après-midi, dans le tumulte de ces eaux, j'ai ressenti la vie comme jamais. Les gens riaient, criaient autour de moi, tout en se méfiant des éléments. Ils ressortaient lavés, essorés, renvoyés à leurs chères études. Ils perdaient toute maîtrise sur leur destin. Et à chaque fois repartaient vers l'avant après avoir tenté d'enlever quelques grains de sable s'étant logés sans invitation dans tous les interstices.

J'ai fait comme eux, j'ai plongé puis me suis relevée. Il m'a tenu la main plusieurs fois quand je n'arrivais pas à revenir dans le courant. J'ai compris à cet instant qu'il fallait se laissait faire. Être comme ce surfeur qui attend. Son instinct saura lui dicter le moment où se fondre dans le mouvement général. Il ne sait pas ce qui va jaillir dans la seconde qui arrive, mais accepte son risque, sa surprise, être déçu, ému, emporté, victorieux ou défait, en même temps.
Après, nous sommes repassés rapide à l'appartement. Je me suis douchée et me suis fardée aux couleurs du rendez-vous.

J'ai essayé d'être élégante, dans l'esprit. On a pris le scooter, je l'ai serré et nous sommes entrés dans les flots blancs et rouges.

Les Fêtes de Bayonne, pendant trois nuits, ont eu sur moi le même impact que cette première baignade.
J'ai couru, dansé, crié, embrassé, discuté, joué, murmuré, déclamé, chanté, écouté, poussé, mangé comme jamais et même vomi, une fois.
J'étais la plus belle puis un peu moins nette avec les heures qui passent.
J'essayais d'être la plus drôle, la plus gaie, la plus libre. La plus tout.
Le film s'est joué, sans caméra, d'abord entre lui et moi, puis les amis, les inconnus, la famille, les Basques, les Parisiens, les autres, les étrangers.

Tous, nous avions décidé de vivre plus fort, plus près, ensemble, quitte à en mourir s'il le fallait, mais plus tard, mais jamais.

On nous avait remis les clés, pourtant il n'y avait plus aucune porte. Certains cherchaient à vivre ces moments, calfeutrés, dans des espaces préservés. Mais tout le monde voulait être dans le tableau qui se dessinait en temps réel d'une ville en furia, d'une nuit libérée où chaque rencontre, chaque coin de rue, chaque bar, chaque peña peut devenir en un instant le meilleur spot du monde. Retrouver un visage connu, embrasser un spectacle inattendu, arborer un sourire éclatant, être portée, tenue, serrée, c'est juste un sport viril mais correct, avec ses règles.

La plupart étaient des habitués, des survivants d'autres fêtes, des gardiens du temple et des codes, d'autres, comme moi, jouaient les néophytes. Un œil averti pouvait facilement décrypter qui était quoi. Ce qui faisait les Fêtes, c'était justement ce brassage, ces mélanges, ses âmes allumées, une communion charnelle, fraternelle et comique. Dangereuse parfois, si certains sournois guettaient le faux pas.

J'ai croisé des Cyrano faisant des moulinets, des Roxane amusées les regardant avec envie. J'ai parlé avec un Serge volubile, un Marc rigolard, un Patxi effréné, une Joana tactile, une Amaya passionnée...

Dans une peña bondée, le deuxième soir, un mec bien aviné m'a embrassée, sans préliminaires, un poing est parti aussi vite, je n'ai pas eu le temps de comprendre puis très vite, notre troupe a rempli nos verres pour fêter le retour de la déraison amicale.

C'est ce soir-là que je me suis offerte, fenêtres ouvertes, au son de l'océan, à mon hôte, protecteur. Tout ce qui fait le Sud avait convergé là avec moi vers ce paroxysme théâtral et bienveillant.

Ceux qui s'étaient trompés de fêtes se faisaient vite recadrer. Ceux dont le corps n'avait pas été à la hauteur de leur appétit restaient de côté dans des positions absurdes et cocasses.

Mais ceux qui voulaient jouir et jouer, sourire et se donner, étaient choyés par les dieux. Cette nuit, j'étais la foule, j'étais le feu, j'étais le rire, j'étais le vin, j'étais les Fêtes, j'étais l'amour.

Nous n'avions pas écrit une seule ligne du scénario, mais nous avions croisé tous nos personnages, nos décors... aux arènes, au trinquet, à Jean Dauger, au Petit Bayonne, à Saint-Esprit. Nous avions ressent toutes les émotions, imaginé les cadrages, les situations.

Un matin, il était l'heure de repartir. Exténuée, je sentais le besoin de reprendre un autre rythme, ailleurs, pour ne pas y laisser ma peau.

Sur le quai, il s'est détaché et m'a juste dit avec son sourire : « Alors, ce film ? »

Dans le train, je lui ai envoyé un premier WhatsApp :

Pour le titre et si c'était « Je t'aime » ?

LE SOLEIL SE LÈVE À BAYONNE

par Thomas VIGNAU

---

9 heures 30, quartier Saint-Esprit.

Bouche pâteuse, gorge en feu. Pourtant il faut y retourner. Et j'en suis heureux, impatient même.

Le tumulte de la veille résonne encore dans ma tête. Hier, la soirée n'a été que joie, bonheur et mouvement de foule si fort que je pouvais sentir le cœur des autres battre contre ma poitrine. Nous étions tellement serrés que l'haleine des *festayres* s'attarde encore dans ma bouche.

Retour cinq heures du matin, la nuit a fondu si vite que je n'ai pas vu le temps passer. Je suis rentré en titubant, au rythme des balayeuses et des Kärchers venus laver les vieilles pierres. Les autres jours, je rentre plus tôt, je ménage mes efforts pour tenir la distance.

Au réveil, malgré la gueule de bois, les jambes en lambeaux et les yeux collants, je me sens bien. Comme si la fête effaçait, pour un temps, la douleur. L'eau coupe ma respiration, nettoie ma peau crasseuse et finit de me réveiller. En me séchant, j'écoute le calme qui précède le retour des fêtards. Dehors, le ciel pâle annonce une chaleur étouffante.

Mais qu'importe.

Le jeudi, c'est mon jour préféré.
Le jeudi, c'est la journée des enfants.
Je me présente toujours à midi, sur la place de la Mairie, avec le même enthousiasme qu'à mes huit ans.
Je ne connais qu'un seul roi sans guerre qui célèbre les enfants,
C'est le Roi Léon.
Sous son règne, Bayonne devient un rêve.
À son réveil, Bayonne se transforme en fête à ciel ouvert.

Je descends pour attraper ma tenue. Le blanc fatigue, la javel n'a pas réussi à faire disparaître complètement les taches de vin et de bière des années précédentes.
Pantalon et tee-shirt blancs enfilés, je noue mon foulard, toujours le même depuis quinze ans. Le logo *Kukuxumusu* s'écaille un peu plus chaque année, mais il me rassure. De chez moi, cinq minutes de marche suffisent pour se retrouver au chaud, dans la fournaise.

11 heures 30, place de la Liberté.

Les enfants hurlent à m'en exploser les tympans. J'agrippe ma première bière gonflée à l'eau. Le goût est infect, mais je me sens chez moi. Benji, Jon, David et Agathe arrivent, et c'est bien la seule fois de l'année qu'ils sont à l'heure.

Au loin, un vrombissement résonne dans les étroites ruelles pavées. Une armée de mômes s'avance en tapant sur des tambours. La tamborrada, l'armée du Roi Léon, est en approche pour réveiller son chef au sommeil de plomb.

Le décor reste inchangé depuis mon enfance. Les balcons de la mairie sont fleuris et les statues sur le toit arborent un foulard rouge de circonstance. On retrouve également les trompettes en plastique qui brisent les oreilles des parents fatigués de la veille, les confettis qui s'incrustent dans le bitume pour y rester encore des mois, les pleurs des enfants inquiets et les ballons Disney qui flottent en meute près du marchand, tandis que l'on aperçoit régulièrement un Bob l'éponge dissident s'échapper dans les cieux.

Les coups de midi sonnent, on exulte et hurle en chœur « *Debout Léon !* ». Après plusieurs rappels, le Roi ouvre enfin les yeux. Le nez rouge et le sourire aux lèvres, il salue la foule. Drapé de son habit de lumière, il toise l'assemblée, lui ordonnant de se lever.

Les fêtes peuvent alors reprendre.

12 heures 30, Chai Ramina.

Il est l'heure de manger quelques pintxos autour d'un verre. Direction la rue Poissonnerie, Chai Ramina. C'est un bar de pirates, un refuge de corsaires coincé dans une ruelle en pente. On y déguste des omelettes et des *padrones*[1] dans un brouhaha ouvrier qui donne du baume au cœur. L'intérieur est comble. La sciure de bois éponge déjà le sol imbibé d'alcool et les effluves de bière renversée imprègnent les lieux.

Jon commande une deuxième tournée sans avoir fini la première, Benji grogne dans sa barbe déjà pleine de bière et d'œufs tandis qu'Agathe raconte ses voyages ; ses aventures finlandaises semblent si loin à l'abri du comptoir. Elle est revenue exprès, comme beaucoup d'entre nous car, chaque année, Bayonne est un pèlerinage pour ne pas oublier à quel point on se sent bien chez soi.

1. Petits piments verts.

David tend l'oreille pour écouter la banda défiler. Les musiciens s'arrêtent, jouent quelques morceaux pour chauffer le bar qui ne tarde pas à danser et sauter au rythme de fandangos et autre *pasacalle.* On agrippe l'épaule de son voisin pour se sentir soudé et former un tout. Même tenue, même combat. Le rouge et le blanc, ce n'est pas un uniforme, mais une réconciliation. On parle fort et gras dans un bonheur total qui apaise. Une fois le ventre plein, nous repartons en quête.

14 heures 30, les Halles.

Le soleil cogne fort alors le gin tonic remplace la bière. À croire que les bulles hydratent davantage. Heureusement, les ruelles étroites de Bayonne offrent une ombre bienvenue. On retrouve une bande de copains sur le Carreau des Halles pour trinquer une nouvelle fois. J'aime voir la foule s'entasser près des comptoirs, entendre la voix des hommes chargée de vin et les femmes rire sans honte avec les yeux. Certains corps s'enlacent, les bouches s'approchent dans un désir festif à couper le souffle.

La place se remplit à l'arrivée des géants. Les marionnettes représentent la cour du Roi Léon. On y retrouve le policier moustachu, le chocolatier avec sa toque et même la courtisane, si audacieuse avec sa poitrine exubérante que je me demande encore comment elle fait pour résister à notre époque. Je tends l'oreille pour entendre des histoires que l'on se raconte le regard brumeux. À Bayonne, on perçoit la respiration lente et apaisée de tout un peuple. Je devine une bande de copines qui découvrent les Fêtes entre étonnement et fascination. Elles viennent de Bretagne et sont descendues spécialement pour vérifier que ce que l'on raconte est vrai, qu'au Pays basque, on y danse l'été et sous le soleil pendant cinq jours. Nous partageons un verre en riant avant de nous dire au revoir.

Par intermittence, des groupes de musique troublent la rumeur des conversations pour enflammer la place. Les bandas insufflent des forces nouvelles quand la fatigue s'installe. C'est souvent lorsque les discussions s'épuisent qu'un groupe surgit d'une ruelle pour rugir une musique de rue galvanisante. Une fois reparti, il faut se resservir pour reprendre son souffle.

L'après-midi s'estompe alors, Bayonne devient une parenthèse heureuse au bord de l'eau. On retrouve David pichet à la main, content de le revoir sans nous être rendu compte de son absence. La foule devient dense, compacte, on joue des coudes pour atteindre le fronton. D'ordinaire, le monde m'énerve, mais ici, j'adhère à cette masse informe, ce flux de personnes qui se mêlent dans la bonne humeur. Ce bonheur, on le retrouve seulement cinq jours dans l'année : il faut en profiter.

18 heures, finale de pelote.

On entre dans un trinquet comme dans une église,
En appréciant la fraîcheur qui y règne.

Verre vide, cœur chaud et tête légère. Nous nous asseyons pour soulager un temps nos corps debout depuis trop longtemps. Nous admirons la partie qui se joue. Les pelotaris engagent une lutte endiablée en quarante points. Les balles noires et dures claquent dans les mains et ricochent contre le mur dans un crépitement régulier. Le va-et-vient me berce si fort que je capitule un temps. Silence pendant le jeu puis acclamation lorsque le 40ᵉ point est gagné. Agathe se redresse, rattache ses cheveux en bataille et applaudit en riant. Ses lèvres, rougies par le vin, affichent un sourire fatigué, mais heureux. David presse pour retourner boire un verre tandis que Jon félicite les vainqueurs.

En sortant, toute la lumière du monde nous enveloppe. Il est bientôt 20 heures et pourtant, le soleil profite encore de la fête et la chaleur ne faiblit pas.

21 heures, place Verte.

La foule s'épaissit toujours davantage. Nous avons perdu Benji sans nous inquiéter, nous nous retrouverons demain pour partager un repas de roi en bord de Nive.

Quand la nuit tombe, nous vidons nos verres encore plus vite. Le concert débute. Le chanteur hurle un basque inaudible dans le micro. Je ressens l'urgence, la fête vrille, tous les mouvements s'accélèrent et les conversations deviennent vacarme. La ville tout entière ploie sous cette foule merveilleuse. Je croise des amis que je ne reconnais plus, la nuit enlace chaque geste d'une substance poisseuse, il fait si chaud que plus rien n'étanche ma soif. Pourtant, le concert électrise la foule, nous sautons en rythme, crions les paroles sans les connaître. David jette ses dernières forces dans la bataille tandis que Jon, increvable, s'élance dans la foule qui le porte à bout de bras. Plus qu'ailleurs, le bonheur contamine les cœurs. C'est la communion parfaite entre cabossés, ambitieux, pessimistes, vieux, jeunes, riches et modestes.

Le concert se termine, la foule s'éparpille en laissant une légère brise marine glisser dans mon foulard trempe de sueur.

La fatigue s'installe, la mélancolie aussi. Verre, bousculade, rire, chant, tout redevient trouble. Agathe et David rentrent le corps si proche qu'on les confond sur le pont Pannecau, et c'est merveilleux de voir leur silhouette se dissoudre dans cette nuit d'été.

23 heures 30, retour de Fêtes.

Je contemple ma bière chaude, la jette dans la Nive avant de rentrer.
Je laisse place aux plus jeunes et aux touristes qui arrivent à peine. La fête se termine vers minuit. Ensuite, elle tourne à coups de baston et de musiques TikTok.

À chacun ses Fêtes.
Je les préfère lumineuses.

Le retour est un chassé-croisé estival. Je rencontre des fêtards vêtus de blanc immaculé, gorgés d'énergie et avides d'en découdre tandis que j'avance avec les *festayres* fatigués, las d'une journée de partage et heureux de retrouver leur lit. Une seule idée me réconforte :

Demain, tout recommence. Il faut encore tenir trois jours sans vaciller,
Car après, l'attente est longue.

DISPARITION

par Philippe FERRAND

C'était il y a longtemps. Avant les téléphones portables, avant l'internet, avant les réseaux sociaux, avant ces peurs qui nous prennent à la gorge aujourd'hui, dans notre belle société connectée aux malheurs des temps modernes, le changement climatique, les guerres qui ne devaient plus jamais être, les intégrismes religieux, le terrorisme aveugle, les pandémies et les pains de mie contaminés...

Enfin voilà, cette histoire a commencé dans un autre siècle. On sortait d'une année incroyable aux allures de révolution. La Liberté était à l'ordre du jour et il était interdit d'interdire. La jeunesse tenait le haut du pavé et croyait dur comme fer à des lendemains qui chanteraient, c'était sûr, dans un monde où le bonheur serait à portée de rêve...

Oui, on y croyait, même si ce beau mois de mai 68 s'était achevé dans la désillusion et le désenchantement avec le retour à la « raison » qui allait conduire aux folies que nous vivons aujourd'hui... On y croyait parce que l'avenir nous appartenait, du moins c'est ce que l'on nous laissait penser. Nous n'avions pas encore vingt ans et l'éternité devant nous.

Nous étions naïfs, insouciants, libres, exubérants. L'amour allait supplanter toutes les guerres. Nous étions tous frères. Heureux...

Nous étions une petite bande d'amis. Il y avait Jean-Michel, Marie-Hélène, Robert, Maryline, Nicole, Yves, José et moi, Philippe. Nous vivions à Biarritz, Anglet ou Bayonne.

Nous nous connaissions depuis toujours, avions grandi ensemble et si, l'adolescence venue, nos études nous avaient éloignés les uns des autres, nous nous retrouvions sans faillir à toutes les vacances...

Cette année-là, donc, la bande s'était retrouvée au complet et vivait joyeusement l'été. La plage, les bals (que nous préférions aux discothèques), les virées nocturnes à Irun ou à San Sebastián, les soirées passées chez l'un ou chez l'autre à rire, flirter ou refaire le monde... Oui, la vie était belle... Les Fêtes de Bayonne approchaient, point d'orgue de l'été. Nous les attendions avec impatience. Nous ignorions qu'elles seraient les dernières que nous vivrions ensemble...

La date tant attendue du jeudi 1er août, ouverture des Fêtes, trouva donc notre petite bande au complet et vêtue de la traditionnelle tenue « bleu de travail », *cinta*[1] rouge et gourde basque appelée *xahako* en bandoulière (à cette époque, le *dress code* immuable rouge et blanc inspiré des fêtes de Pampelune n'existait pas encore). Si l'un de nous se perdait, nous devions le retrouver au bout du pont Pannecau, rive gauche de la Nive, dès que son absence serait constatée.

1. Ceinture en toile.

Les deux premiers jours furent à la hauteur de nos attentes : nous déambulions dans les rues bondées et bruyantes dans l'exubérance joyeuse d'une foule avide d'amour et de liberté. Partout, les bandas enrubannaient la ville de leurs musiques entraînantes et la rumeur entêtante de la ruche humaine des *festayres* occupait tout l'espace, bruit de fond continu jusqu'à devenir familier, familier jusqu'à ne plus l'entendre... Le soir, l'atmosphère changeait peu à peu à mesure qu'avançait la nuit : les familles quittaient la scène, les « vieux » (de l'âge de nos parents...) rentraient sagement chez eux et la ville appartenait enfin tout entière à la jeunesse. Alors, jusque tard dans la nuit, la fête atteignait son paroxysme, et ça n'était qu'au petit matin que la fatigue et l'ivresse nous tombaient sur les épaules et nous nous écroulions entre les buissons d'un jardin public pour quelques heures d'un sommeil de plomb. Puis, nous rentrions chez l'un ou chez l'autre pour nous doucher et nous changer, et après un petit déjeuner réparateur, nous repartions bras dessus, bras dessous, prêts à vivre encore une folle journée.

Ce samedi, troisième jour des Fêtes, tout se déroula parfaitement jusqu'au soir. Notre petite bande jouait sa partition habituelle, arpentant gaiement les rues de Bayonne, entre chants, rires et blagues idiotes... À minuit, ayant écumé la rue d'Espagne, nous décidâmes de rejoindre le Petit Bayonne en empruntant la rue Poissonnerie qui descend jusqu'à la Nive. La rue était saturée de *festayres*, il semblait impossible de pouvoir se glisser dans cette masse humaine énorme. Mais il nous en aurait fallu bien plus pour nous arrêter ! José donna le signal en criant « Qui m'aime me suive ! », et prenant plusieurs mètres d'avance sur le reste de la bande, il se jeta dans la mêlée. Il ne marchait plus, il était littéralement emporté par la foule, « flottant » de droite et de gauche comme un bouchon de liège dans l'océan... Nous nous laissâmes happer à notre tour par ce flux, courant impossible à maîtriser, tâchant de ne pas nous séparer. José s'éloignait de plus en plus. Une vingtaine de mètres nous séparaient de lui. Toujours prisonnier de la multitude, nous le vîmes se retourner avant d'atteindre l'angle de la rue de la Salie et de disparaître. Il y avait dans son regard comme une inquiétude... Si nous avions été plus attentifs, sans doute aurions-nous perçu dans ses yeux quelque chose qui ressemblait à de la panique...

Nous l'avons attendu au bout du pont Pannecau. Jusque tard dans la nuit. En vain. À l'aube, étonnés, vaguement inquiets, nous nous sommes séparés en nous donnant rendez-vous chez moi le lendemain. Toujours aucune nouvelle. Il n'était pas chez lui. Nous avons envisagé toutes les possibilités. Mais aucune ne correspondait au caractère de notre ami. Une fuite délibérée ? Pour échapper à quoi ? À qui ? Nous connaissions José par cœur : il n'était pas du genre à abandonner ses amis et sa famille qu'il adorait, pour quelque raison que ce soit... Il était quelqu'un de sain, sans histoires, ne trempait dans aucune combine foireuse, ne vivait pas de grande histoire d'amour qui aurait pu le perturber ou le mener à des extrémités dramatiques comme un suicide ou le choix d'une disparition volontaire, nous en étions certains...

Nous sommes allés chez ses parents qui, atterrés, se rongeaient les sangs, ne comprenant pas plus que nous ce qui avait bien pu advenir. La police avait lancé un avis de disparition inquiétante après avoir auditionné chacun de nous. Et puis le temps a passé... Le voile de ce mystère incroyable ne s'est jamais levé. José s'était volatilisé.

Nous ne l'avons jamais revu.

Que s'était-il passé rue de la Salie, après qu'il eut été entraîné par la marée humaine et qu'il nous eut jeté ce regard de naufragé avant de disparaître de nos vues et de nos vies ?

Comment est-t-il possible d'être ainsi « effacé » du monde sans qu'aucune explication plausible ne vienne apporter la moindre réponse ? Nous ne le saurons jamais.

Nos chemins peu à peu se sont séparés. Les membres de notre petite bande se sont dispersés aux quatre coins du pays, pour certains à l'étranger. Les contacts se sont raréfiés, puis ont fini par s'éteindre complètement... La vie nous a éloignés les uns des autres, chacun gardant certainement à l'esprit le trouble indicible de cette absence inexpliquée.

2018. Cinquante ans se sont écoulés. Les Fêtes de Bayonne se déroulent cette année du mercredi 25 au dimanche 29 juillet. J'ai décidé, le samedi soir, après un demi-siècle, d'aller retrouver, peut-être, les fantômes de mon passé dans les rues de la ville envahie par une marée humaine enthousiaste. Je ne le fais pas en tant que *festayre*. Vêtu d'un jean gris et d'un polo blanc, je suis plutôt un pèlerin nostalgique perdu dans un temps qui n'est plus le sien. Pourtant, je retrouve dans cette jeunesse débordant d'allégresse et d'extravagances tout ce qui faisait la nôtre, il y a si longtemps... La même folie, la même insouciance, le même besoin d'être ensemble pendant ces quelques jours de joyeuse folie. Sans même m'en rendre compte, j'emprunte la rue d'Espagne, et commence à descendre la rue Poissonnerie. La même foule m'emporte comme il y a cinquante ans... Mon cœur se met à battre fort. À mi-rue, je ne sais pourquoi, j'éprouve le besoin de me retourner à plusieurs reprises... Je cherche quelque chose. Je ne sais pas quoi. Ou je le sais trop bien...

À l'approche de la rue de la Salie, mon regard se porte vers l'endroit précis où nous avons vu notre ami disparaître à nos yeux pour toujours. J'entends une voix retentir dans la cohue. Elle crie un prénom. Je crois rêver. Non, je l'entends à nouveau et ma raison vacille. Une main se pose sur mon épaule. Je me retourne.

— José ? Tu es José, n'est-ce pas ?

L'homme qui a prononcé ces mots doit avoir à peu près mon âge. Nous demeurons un moment face à face, luttant contre le courant de la foule qui descend vers la Nive. Son visage me semble familier et pourtant, je suis sûr de ne pas le connaître. Avec un sourire timide, le regard éclairé d'une interrogation incertaine, il reprend : « Tu es bien José ? »

Alors, tout se met à tourner, comme si j'étais ivre, moi qui n'ai pas bu une goutte d'alcool !

Tout se mélange dans ma tête, les gens en farandole, la musique, les chants, les lumières, je vais tomber... Je tombe. Une paire de bras vigoureux me relèvent. Un grand gaillard hilare me maintient debout en riant : « Alors papi ! On n'a plus vingt ans hein ! Ça va aller ? » Je bredouille un vague merci et il disparaît de ma vue. Mon regard se porte vers le coin de la rue où débouche la rue de la Salie juste le temps d'apercevoir la silhouette de l'homme qui m'a abordé, étrangement vêtu d'un « bleu de travail », *cinta* rouge et gourde *xahako* en bandoulière, tenue des fêtes d'antan jurant bizarrement dans l'univers rouge et blanc de celles d'aujourd'hui... Je joue des coudes, me frayant tant bien que mal et aussi vite que je peux un passage dans cette multitude, je veux rattraper à tout prix l'inconnu qui se fond et s'efface doucement de ma vue...

Je l'ai cherché longtemps. En vain. Au petit matin, je me suis retrouvé au bout du pont Pannecau, rive gauche de la Nive. Je me suis appuyé au parapet et, les deux mains dans la face, j'ai pleuré, pleuré, pleuré...

IL ÉTAIT UNE DEUXIÈME FOIS…

par Laurence PICQ

Accoudée au parapet du pont Saint-Esprit, une fille en robe blanche, ceinturée d'écarlate, regardait l'Adour et la Nive se marier. Dans son dos, les baraques foraines déversaient leurs néons, leurs musiques, leurs odeurs de churros. C'était le jour de l'ouverture des Fêtes. De son balcon, le Roi Léon avait salué le bon peuple de Bayonne et confié les clés de la ville aux *festayres* qui maintenant déferlaient, en vagues rouges et blanches que rien, pendant cinq jours, ne pourrait endiguer. Au dernier moment, ils évitaient la mince silhouette. Tous cuivres dehors, une banda passa, escortée d'une troupe disparate et chantante. Un garçon en sortit, attrapa la fille par la taille.

« Té, pourquoi tu restes seule ? Viens boire un coup avec nous ! » Sans un mot, elle se retourna. « Pardon madame, désolé », dit-il. Le mascara de la femme (car c'était une femme, pas une fille, elle devait avoir entre quarante et cinquante ans) avait coulé. Elle le regarda fuir, rejoindre ses amis. Place de la Liberté, le bal commença. La femme sortit un miroir de son sac à main, effaça les coulées noires, se laissa emporter vers le Petit Bayonne. La foule était plus dense qu'à l'époque, les façades ravalées, mais rien n'avait vraiment changé. Elle reconnut le café des Pyrénées et tentait de se frayer un chemin jusqu'au comptoir, quand un chant retentit. Elle se figea.

Hegoak ebaki banizkio[1]...

« Les Ailes ». Cet été-là, Bixente l'avait chantée, avec ses amis, puis lui avait murmuré les paroles à l'oreille, vingt ans après elle se souvenait de la caresse de sa bouche : « Si je lui avais coupé les ailes, il aurait été à moi. Il ne se serait pas enfui. Mais il n'aurait plus été un oiseau et moi, c'était l'oiseau que j'aimais. » De retour à Paris, elle avait acheté un CD, écouté la chanson en boucle, en pleurant. Aujourd'hui encore, elle la connaissait par cœur.

C'était l'année de son bac. Comme chaque été, elles avaient débarqué à Biarritz et pour la première fois, ses demi-sœurs (son père, une fois veuf, n'avait même pas attendu deux ans avant de se remarier avec cette Versaillaise vaniteuse et stupide ; puis il était mort à son tour et Camille était restée seule avec les trois femmes, à peine tolérée dans l'appartement paternel) lui avaient proposé de les accompagner aux Fêtes de Bayonne. Elle avait descendu les escaliers, en jean et tee-shirt noirs. A l'époque, elle était fan de The Cure.

— Non mais regarde ça ! Elle va encore nous coller la honte ! avait lancé Marie-Charlotte.

— T'as quand même pas cru qu'on allait t'emmener ! Tu crois au prince charmant ? avait ricané Anastasie.

1. Les premières paroles de la chanson « *Txoria Txori* » écrite par Joxean Artze et Mikel Laboa pour la musique.

Les deux harpies avaient démarré. Elle avait fait du stop. Très vite, un van rose s'était arrêté.

La conductrice blonde l'avait déposée près du Château-Vieux. « Comment vous remercier ? » avait demandé Camille. « Pas la peine, on dira que je suis ta bonne fée. Mais attends, tu peux pas y aller comme ça ! » Et Camille se retrouva vêtue d'un débardeur et d'un short blancs, chaussée d'espadrilles, un foulard rouge noué autour du cou. « Bonnes Fêtes ! Mais rentre pas trop tard, sur la fin ça craint, tout le monde vomit », lança la surfeuse avant de disparaître dans un nuage de marijuana. Camille pénétra à l'intérieur des remparts. Sur une placette, un orchestre jouait des airs traditionnels.

Les premiers accords d'un fandango retentirent et les danseurs formèrent deux lignes : homme, femme, enfant, chacun faisait face à son ou sa partenaire de hasard. Un garçon la saisit par la main. Bras en équerre, pieds cambrés, jambes fichées dans le sol comme des compas, Camille, d'ordinaire si timide, se retrouva à bondir face à son partenaire. Il avait les cheveux mi-longs, décolorés par le sel, la peau dorée, et sur sa joue droite, une drôle de cicatrice formait comme une fossette. Entre deux danses, il lui dit son prénom, Bixente.

Ils terminèrent en sueur et il l'entraîna dans des rues bordées de hautes maisons aux colombages colorés, aux noms moyenâgeux : rue des Cordeliers, rue des Tonneliers, rue Pannecau, rue Bourgneuf... Dans chaque bar, il croisait des amis. Bientôt, ils furent une dizaine, et c'était comme si Camille avait toujours fait partie de la bande. Sur le pont Marengo, ils croisèrent Marie-Charlotte et Anastasia, la première, verdâtre, affalée sur la deuxième. L'œil torve, elles les regardèrent passer.

— Pfff, ces Parisiennes, elles savent pas boire ! lança Bixente.

— Tu m'étonnes ! Elles craignent ! répondit Camille en vidant au goulot le reste de la bouteille de Jacqueline.

Les deux ou trois heures qui suivirent étaient très floues. Elle ne savait plus à quel moment ils s'étaient embrassés. Elle se rappelait juste avoir eu très mal aux pieds. Ils s'étaient arrêtés dans à peu près tous les bars du Petit Bayonne, puis avaient fait halte au Trinquet Saint-André où enfin, elle avait pu s'asseoir, et ils avaient tous commandé des sandwiches à l'omelette. Elle se souvenait précisément de la saveur amère des piments, du goût doré des œufs, dégustés les yeux fermés.

« Le meilleur truc que j'aie jamais mangé », avait-elle dit à Bixente. Ils avaient fini la nuit dans une peña sous les remparts, c'était l'oncle de Patxi qui tenait le bar. Camille avait encore dansé, un rock avec Bixente (il lui avait tordu le bras), un tango avec l'oncle, et plein d'autres danses avec des gens qu'elle ne connaissait pas. Le temps était devenu un long ruban dont Bixente, accoudé au comptoir, les yeux bleus et doux comme des véroniques, tenait l'autre extrémité.

La peña avait fermé.

— Bon, nous, on va se pieuter, faut savoir doser l'effort, lança Mikel.

— Salut les amoureux ! dit Mayalen en leur faisant la bise. À demain Camille, passe une bonne nuit.

Ils se retrouvèrent seuls. D'un air faussement détaché, Bixente se mit à siffloter « *La Peña baiona* ». Camille regardait la cicatrice sur sa joue, se retenait d'y passer le doigt. « Je te raccompagne ? » proposa-t-il. Quelques fêtards égarés chantaient encore, leur gosier éraillé. « J'ai pas envie de rentrer », répondit Camille. « Viens, je sais ce qu'on va faire », et il l'entraîna dans un souterrain, sous les remparts, puis vers un parking où était garée sa moto. Il sortit un casque du coffre, en sertit la tête de Camille, elle s'assit derrière lui, il démarra. C'était la première fois qu'elle montait à moto, et tandis qu'ils quittaient la ville, tête appuyée contre le dos de Bixente, le vent sur ses cuisses nues, dans le silence de la nuit basque, elle pensa, enfin ma vie commence, aujourd'hui est le jour de ma vraie naissance. Il se gara au bord de l'océan et dit « Regarde, c'est la Chambre d'Amour ».

La nuit, les choses et les gens ne se ressemblent plus. Enlacés et maladroits, ils marchèrent jusqu'à la plage. Après la débauche de couleurs, de sons et d'odeurs de Bayonne, l'océan était intimidant. La falaise plissée, avec à son sommet le phare blanc de Biarritz, les surplombait de son éternité, et le chant du ressac remplaça celui des *festayres*. Bixente l'entraîna à l'abri des rochers.

Elle avait été tellement conne. Pourtant elle le savait, qu'il ne fallait pas croire aux contes de fées, que les histoires d'amour ne finissent jamais bien, que les petites filles naïves terminent toujours dévorées par les loups. À quoi ça sert de lire, si la vie est toujours la plus forte ? Quand elle s'était réveillée, elle était seule. Elle s'était rhabillée, n'avait retrouvé qu'une seule de ses espadrilles et, pieds nus, avait regagné Biarritz. Elle était arrivée en boitant, heureusement les mégères dormaient. Le lendemain, elle était rentrée à Paris, et avait passé l'été à travailler, pour elle l'amour c'était fini.

Camille en eut assez du bruit, de la foule. Qu'est-ce qu'elle fichait là, toute seule, à ressasser le passé ? Ça devait être la crise de la quarantaine. Sans toucher à son verre, elle se dirigea vers la place d'Espagne, pressée de regagner l'appartement de Saint-Jean-de-Luz, un Airbnb situé sur le front de mer, loué une fortune. Le lendemain, elle se lèverait tôt et irait se baigner, ainsi le séjour ne serait pas complètement gâché. Devant les remparts, un vieil homme en costume clair ôta son béret pour la saluer et ouvrit une porte. Elle reconnut la peña.

Alors Camille entra dans une brèche du temps.

Derrière le comptoir, Bixente, sa fossette-cicatrice plus apparente que jamais, servait des bières.
Il était un peu dégarni, légèrement ventripotent, mais ses yeux étaient toujours aussi bleus.

Il se pencha et reparut avec, à la main, une espadrille.

— Bonsoir Camille, c'est à toi je crois.

— Merci, mais ça fait longtemps que j'ai jeté l'autre.

— Essaye-la quand même...

Bixente contourna le bar, s'agenouilla et lui enfila la chaussure. Elle lui allait parfaitement. Il se releva, s'approcha de sa bouche.

— Non mais tu te prends pour qui ? éclata Camille. Tu as abusé de moi quand je n'étais encore qu'une gamine, tu m'as abandonnée et je devrais te tomber dans les bras ? Chat échaudé craint l'eau froide !

Il se lança dans de grandes explications, d'où il ressortit qu'il était parti acheter des chocolatines, pour lui faire la surprise d'un petit déj sur la plage. Pour être sûr qu'elle ne parte pas, il lui avait emprunté une espadrille, mais à son retour elle s'était envolée. Désespéré, il l'avait cherchée dans tout Biarritz, « mais je connaissais même pas ton nom... ».

— Dia, c'est Camille ! dit un homme qui venait d'entrer.

— Patxi ?

— Les autres sont là aussi... Les mecs, venez voir ! J'avais bien dit qu'elle reviendrait, la princesse à Bixente !

— Le bisou, le bisou ! hurlèrent-ils tous.

Contrairement à elle, ils n'en étaient pas à leur premier verre.

Camille et Bixente s'embrassèrent, sous la ola des grands jours. Ils ne se marièrent pas, n'eurent pas d'enfants, mais jusqu'à la fin de leur vie qui fut longue et heureuse, célébrèrent ensemble les merveilleuses Fêtes de Bayonne.

PRIX KALIMOTXO
(PRIX SPÉCIAL DU JURY)

Édition 2023

ROBERTO BOLAÑO
À BAYONNE

par Jérôme DELCLOS

C'est en juillet 1999 que Roberto Bolaño prononça son *Discours de Blanes* dans la petite ville de ce nom, au sud de Barcelone. À très exactement 625 kilomètres au nord-ouest de là, les fêtes rouges et blanches de Bayonne, où il n'était pas, battaient leur plein. Sous le même ciel que celui de la Catalogne, parce qu'aucune frontière ne peut arrêter le bleu, les nuages et les oiseaux migrateurs. À l'époque, Blanes n'était pas encore devenue le mythe littéraire qu'elle est aujourd'hui – la ville de Roberto Bolaño. Et pourtant, Blanes existait déjà pour l'écrivain chilien comme un personnage dans un livre, non pas écrit par lui mais qu'il avait lu dans sa jeunesse, à Mexico au début des années 1970. « *Je me rappelle même la couleur du ciel mexicain les deux jours que j'ai pris pour lire le roman.* » C'est *Teresa l'après-midi*, un roman de Juan Marsé. Il parle d'une femme et de la maison de ses parents à Blanes, où elle vient en vacances.

Une fois le livre refermé, Bolaño à Mexico fuma pensivement une cigarette mexicaine, en essayant de se représenter cette maison, pour lui seulement une maison de papier dans une Blanes de papier, une ville rêvée dans un roman. Mais sans qu'il le sache encore, la ville l'avait adopté. Et peut-être, aussi, Roberto à vingt ans voyait-il se dessiner, dans la fumée de sa cigarette, la silhouette d'une femme qui ressemblerait à Teresa. Toujours est-il que quinze années plus tard, se souvenant de Blanes, il y vient, il y recherche cette maison et cette femme.

On l'imagine - ou bien son double littéraire, Arturo Belano - arpentant rues et places, le Paseo Maritimo, allant et venant « *de l'embouchure du Tordera jusqu'aux calanques proches de Lloret* », et posant ses questions dans son espagnol de Chilien dans des bars où les locaux ne parlent que le catalan, une langue qu'il pratiquait déjà par bribes à Barcelone. Et sans doute, dès son premier jour à Blanes, Roberto franchit-il le seuil de la librairie Sant Jordi, que par la suite il fréquentera en habitué, s'y enivrant de la lecture des poètes catalans. La maison, « *évidemment, je ne l'ai pas trouvée* », reconnaît-il dans son discours. Mais Blanes a trouvé son grand écrivain, et elle ne le lâchera plus.

C'est ainsi que Roberto Bolaño, qui avait lu dans Juan Marsé le nom de Blanes, y vint en 1985, s'y installa, et tant et si bien qu'en juillet 1999, la ville lui fit l'honneur d'être son « *pregonero* », l'orateur qui prononcerait le discours d'ouverture de ses fêtes. Devant le maire et ses administrés, venus là spécialement pour les fêtes ou bien déjà pour l'écrivain, « *Barcelonais, Basques et Andalous, Gambiens et Sud-américains* ». Façon de dire, des gens venus de partout. Et je me demande ce qui serait arrivé si Bolaño, au lieu de lire le nom de Blanes dans un roman de Juan Marsé, avait lu celui de Bayonne dans le roman d'un autre, qui aurait parlé lui aussi d'une femme et d'une maison, mais à Bayonne et non en Catalogne.

Roberto referme le livre, il reste là, dans le silence et la chaleur d'étuve de Mexico, à tenter d'imaginer Bayonne, une maison et une femme là-bas, ailleurs, sur le Vieux Continent. À proprement parler il ne voit rien ou pas grand-chose. Mais allongé sur son lit dans sa chambre mexicaine, il allume une cigarette, et déjà il lit dans la fumée l'invitation au départ, l'appel du large qui serre les tempes des exilés, des fugitifs, des marins. Une quinzaine d'années plus tard, il vient à Bayonne, il recherche en « *détective sauvage* » cette maison à Bayonne et non à Blanes où il n'ira jamais - il n'a pas lu le bon livre - et à Bayonne cette femme du roman, ou une femme qui lui ressemble. Et à force de se perdre dans la ville comme il convient toujours de le faire quand on y est un étranger, il devient dans les années quatre-vingt bayonnais plutôt que *blanense*, et Bayonne deviendra la ville de Bolaño, une ville culte.

Ce que c'est que la ville d'un écrivain, comment elle passe du statut de ville réelle à celui de ville de roman, nous l'ignorons. Mais nous pouvons toujours lire le *Discours de Blanes* en y cherchant un *Discours de Bayonne* que Bolaño n'a pas écrit. Juste pour voir. Pour tenter de voir Bayonne comme une ville de Roberto Bolaño, et son *Discours*, pourquoi pas, comme un *Discours de Bayonne* et en l'honneur de ses Fêtes. Il dit, et aussi bien il écrit puisque aujourd'hui nous lisons ce *Discours* : « *Si je dois être sincère, je n'ai pas l'idée du saint que nous fêtons ici.* » Nous non plus, qui tombons bien d'accord avec lui qui ajoute « *Et en plus, je ne veux pas le savoir* ». Nous non plus n'en avons cure, aimant mieux son idée selon laquelle « *nous sommes en train de fêter Blanes même, qui est plus ancienne que New York* ». Par parenthèse, Bayonne peut s'enorgueillir d'être non seulement plus ancienne que New York - ce n'est pas difficile - mais aussi autrement plus ancienne que Blanes : ancienne comme le sont pour les Bayonnais leurs ancêtres les Tarbelli ou « Tarbelles », indociles Aquitains qui donnèrent du fil à retordre à Rome. Mais surtout, Roberto songe à ceci - tolérance et générosité -

que « *nous sommes en train de fêter tous ceux qui sont nés ici, tous ceux qui, à un moment ou à un autre, sont passés par ici, même un seul jour, ou une nuit fugace, pour contempler les feux d'artifice, par exemple. La* festa major[1], *ce n'est que cela* ». D'où cette idée simplissime et sublime de la ville comme un symbole. « *Un symbole qui nous dit que nous sommes vivants et que chaque jour est un trésor.* » Et c'est bien suffisant, pour une ville qui s'honore de ses Fêtes, ou plutôt dont les Fêtes honorent chacun, chacune, d'être vivant, vivante, au cœur de chaque jour comme un trésor. Et de chaque nuit et chaque nouvelle aube.

À Bayonne, Roberto Bolaño aurait aimé la foule en liesse comme une grande marée blanche et rouge, un gros animal avec ses propres mouvements. Il aurait aimé les bandas sonores et bien réglées, et les prestes virevoltes adverses qu'échangent les hommes et les bêtes à cornes, et l'insouciance de la jeunesse, qui pour être de toutes les époques et de tous les pays n'est d'aucune époque ni d'aucun pays en particulier, ni même d'aucun âge, tant la fête opère à rajeunir les plus vieux. Je ne crois pas que Roberto aurait voulu faire partie d'une peña : s'il n'était pas asocial, parce qu'il était un écrivain il s'appliquait surtout à passer de groupe en groupe, en transfuge, et se gardait d'appartenir à aucun. « Noble traître », comme dit Nietzsche dans *Humain, trop humain.* Ou alors une peña de poètes, et cosmopolite en diable. Vraisemblablement ne se serait-il pas alcoolisé, ou si peu, en dépit de l'ambiance bachique que toujours autorise la fête. Certes, l'alcool est souvent présent dans les romans et les nouvelles de Bolaño, ainsi que d'autres produits moins légaux qui montent à la tête et même la démontent. Mais Roberto, qui aimait les bars, était réputé y consommer, le jour souvent un milk-shake, et tard dans la nuit, comme font les petites vieilles basques ou gasconnes ou de n'importe où, une camomille. Il était de ceux qui savent puiser en eux-mêmes leur propre ivresse, qui la tirent en bouteille depuis des livres, ou

1. La « grande fête » en catalan.

les rencontres de hasard avec les autres. À propos des petites vieilles basques ou gasconnes, il se serait dans les bars de la rue des Cordeliers, de celle des Tonneliers ou des quais de la Nive, passionné pour les querelles bayonnaises. Quand l'été, au mitan de la nuit claire, la parole jette les uns contre les autres Bayonnais basques et Bayonnais gascons, l'essentiel étant que toujours à la fin ils se réconcilient, en frères ou comme on voudra dire en cousins. Et cousines. De table et de boisson, de danses et de chansons, et d'allégresse bien piquante et qui vous tourneboule et vous change.

Mais ce qu'il aurait préféré dans les fêtes bayonnaises, c'est l'*encierro Txiki* si l'on songe que la joie des enfants se confrontant vaillamment à des bovins à roulettes, des animaux de bois ou de carton comme on en voit au théâtre, n'a d'égale que cet autre et pénétrant mystère qui consiste à croire, durant quelques heures bénies des dieux, à une histoire contée par cet enfant attardé qui reste sa vie durant un romancier, autant dire un beau fou.

Roberto Bolaño, sauf erreur, n'est jamais venu à Bayonne. En un sens, il n'est pas même venu à Blanes s'il s'agissait, pour lui, de se rendre dans un lieu qui n'existe pour de bon que dans un roman de Juan Marsé, et nulle part ailleurs et pas même à Blanes. Et si l'on va un jour à Blanes, on risque fort d'être déçu. Oui c'est bien sûr : on le sera fatalement. Mais rien ne nous empêche, pour voir, juste pour essayer, d'imaginer Roberto à Bayonne au premier jour des Fêtes, frayant parmi la mêlée blanche et rouge, définitivement recalé à l'examen du *dress code* dans son tee-shirt noir et son jean en bout de course. Tétant une cigarette, comme on le voit souvent faire sur les photos que nous avons de lui, et s'exprimant dans son espagnol du Chili mais traversé de celui du Mexique, et mâtiné de catalan. Ou s'essayant au français, lui l'exilé, pour au comptoir ou en terrasse commander une boisson de gosse – un lait-grenadine, les couleurs des *festayres* – ou une camomille.

Mais la chose est sûre : à Bayonne, nul doute qu'il aurait, en juillet 1999 à la veille du millenium, prononcé le discours de lancement des Fêtes, juste avant le rituel lâcher des clés de la ville depuis le balcon de la mairie. Voyez : il arrive au bout de son *pregón* - son prêche -, la foule blanche et rouge l'a écouté. Chez certains avec de l'impatience, des rires et des cris, de vifs lancers de béret : il y a ici, s'agace ou se réjouit l'orateur, bien des turbulents. Roberto n'est pas quelqu'un de très expansif, et il peut se révéler timide quand il s'agit pour lui de déclamer en public. Comme il a peur de mal le dire en gascon et en basque (et puis, dans quel ordre des préséances ?), il conclut en catalan « *Bones festes a tothom !* » - Bonnes fêtes à tout le monde !

« BAYONNE EST UNE FÊTE »

par

LA LAURÉATE DU CONCOURS EN BASQUE (CATÉGORIE ADULTES)

Édition 2023

ATOR URDINA
LA CHEMISE BLEUE

par Idoia ROBRIGUEZ MONGRAGON

Midi trente-sept. Alaia n'était pas encore arrivée. Béa regarda à nouveau sa montre, très irritée. Elle sentit le regard de son mari à ses côtés. Eneko avait cerné, dès le début, la nervosité de Béa. L'apéritif en famille devait commencer à midi et demi pile, et toute personne qui arriverait en retard risquait la peine de mort selon Béa.

Comme tous les ans, pour les Fêtes de Bayonne, Béa organisait un apéritif au Kalostrape[1], avec son frère, ses neveux et nièces et sa fille, pour célébrer l'anniversaire de son père. C'était dimanche et on sentait que les Fêtes touchaient à leur fin : des odeurs d'urine et de vomi envahissaient les rues étroites du Petit Bayonne. Bien que les agent-e-s de la ville de Bayonne nettoyaient la cité au petit matin, une odeur de poubelle planait sur les environs. La chaleur étouffante et l'action du soleil y étaient aussi, de manière évidente, pour

1. Bar-restaurant dans le quartier du Petit Bayonne.

quelque chose. Des jeunes ayant pris de gros coups de soleil, encore ivres de la veille, déambulaient en riant, discutant, dans leurs habits sales, des verres de gin to ou de bière à la main. Béa appréciait particulièrement le dimanche des Fêtes de Bayonne : les soulards faisaient place aux familles et une énergie différente s'emparait alors de la ville. L'agressivité du samedi soir disparaissait avec les premiers rayons de soleil. De nombreux-ses Parisien-ne-s rentraient déjà chez eux en bus ou en train. Béa n'était pas une grande fêtarde, déjà jeune elle ne faisait la fête qu'avec modération. Mais elle appréciait beaucoup de siroter un verre de txakoli[2] en famille, au son d'une txaranga[3] ou de chants populaires. L'apéritif du dimanche offrait l'occasion à Béa de prouver à son père et à son frère sa réussite familiale. Elle était entrée dès l'enfance dans une sorte de compétition avec son frère pour obtenir les faveurs de leur père, mais ce fut en vain pour Béa. Son frère, en plus d'être un homme, était aussi l'aîné. Quoi qu'elle ait pu faire, elle était toujours reléguée au second rang derrière Mattin. Bien que son frère ait divorcé par deux fois - dont une fois de manière très spectaculaire au bout de deux mois d'union - et qu'il ne parle plus à l'un de ses fils. Béa avait capitulé. Ce fut pourtant Béa qui reprit la librairie familiale et qui sut faire face à la crise du livre, en maintenant l'entreprise en vie. Mais depuis la mort de leur mère, elle était désormais la seule à subir le mépris paternel.

Oui, pour Béa, le dimanche midi des Fêtes représentait un moment spécial. Et Alaia était bien consciente de cela. Elle savait fort combien il était important d'y faire bonne figure. Car elle s'évertuait tout au long de l'année, et tout particulièrement à ce moment-là, à montrer à sa famille quel était son statut. Mais cela faisait maintenant dix minutes qu'elle était

2. Vin blanc léger et pétillant d'origine basque.

3. Groupe musical restreint, à l'inverse des bandas, jouant un répertoire essentiellement basco-navarrais.

en retard. Elle entendait son père murmurer « *Alaia ne viendra pas... non ?* ». Mattin discutait avec Eneko tandis qu'Ugo, son neveu, était parti chercher les boissons, bien entendu.

Alaia qui, la veille, avait pourtant promis à sa mère qu'elle ne sortirait pas était partie boire quelques verres à Bayonne avec Katixa. Elles avaient passé la soirée à la place Patxa à assister aux concerts, à chanter et danser et discuter avec des ami-e-s. Elle avait mal à la tête, mais elle avait dix-huit ans, un Doliprane et une douche seraient bien suffisants à la remettre sur pied, bien qu'elle ressente encore les vapeurs d'alcool dans tout son corps. Elle savait que son retard allait rendre sa mère folle, mais ce n'était pas sa faute. Elle avait dormi avec Katixa chez une amie de celle-ci et elle pensait avoir perdu ses clés de voiture la veille. Elle n'avait plus de vêtements propres et elle dut se rendre chez une amie pour s'habiller. Cette amie lui prêta une chemise bleue que portaient autrefois les ouvriers. Les dimanches des Fêtes de Bayonne étaient terribles tellement sa mère mettait de pression. Tous les ans, elle devait, à son arrivée, subir le regard scrutateur de sa mère ainsi que ses remarques : « *Tu aurais pu te coiffer, quand même* » ou bien « *C'est une tache de vin, ça ?* ». Pour se donner du courage, elle demanda à Katixa de l'accompagner. Non, elle ne le lui demanda pas, elle la supplia à genoux de ne pas l'abandonner.

Sa mère l'observait de loin en lui faisant de grands signes et en criant, comme si elle était aveugle. Elle se sentait honteuse, et murmurait entre ses dents « *Oui, je te vois maman, calme-toi* ». Sa mère brillait de mille feux dans sa tenue rouge et blanche. Elle avait fait attention au moindre détail, allant même jusqu'à équiper ses espadrilles blanches de lacets rouges. En s'approchant, elle constatait la désillusion grandissante dans les expressions de sa mère :

— Ah ! Alaia, tu es là enfin !... Bonjour Katixa ! Alaia, s'il te plaît, tu fais la bise à ton grand-père ?

Alaia se voyait repartir en enfance. Elle salua toute la famille et sentit le malaise de Katixa qui se trouvait à ses côtés. Elle voulait lui proposer qu'elles se rendent ensemble au comptoir commander un *kalimotxo* et une bière, mais, avant qu'elle ait pu ouvrir la bouche, sa mère la prit par le bras :

– Alaia, tu vas venir avec moi à l'intérieur, nous allons commander quelques pintxos[4].

– Euh...

Elle croisa le regard de Katixa qui lui exprimait son désir de décamper. Katixa avait aperçu plus loin des gens qu'elle connaissait, et se dit que cela lui offrirait l'opportunité de les rejoindre lorsque l'ambiance deviendrait trop lourde au milieu de ces inconnu-e-s. Alaia suivit sa mère à l'intérieur du Kalostrape. Le sol était collant même si l'on pouvait sentir l'odeur des produits de nettoyage. Elle savait que sa mère voulait la mener à l'écart pour pouvoir l'enguirlander. L'intérieur du bar était sombre et il y avait encore peu de client-e-s. Dans un coin, un groupe d'hommes d'environ cinquante ans chantait, ils semblaient heureux. Elle se rendit compte que l'un d'entre eux était son prof d'histoire au lycée. Elle tourna la tête en faisant semblant de ne pas l'avoir vu. Devoir subir la colère de sa mère devant l'enseignant qui, toute l'année, l'avait traitée de « *madame tête de linotte* » était, émotionnellement, au-dessus de ses forces. Comme si de rien n'était, elle se saisit de la carte des rations et de pintxos sur le comptoir et s'y plongea, comme si la discussion que voulait avoir sa mère ne concernait que le choix de la nourriture. Elle sentait le regard de sa mère :

– Alaia. Tu peux m'expliquer quelles sont ces manières ?

– On prend des croquettes ?... À quoi ?

---

4. Typiquement basque, il s'agit généralement d'une tranche de pain sur laquelle est placée une portion de nourriture qui se mange en une bouchée.

– Tu arrives en retard, avec une copine, et en plus habillée en bleu ? Qu'est-ce que tu cherches ? Que j'aie une attaque cardiaque ?

Alaia avait envie de souffler mais elle tentait, avant de se fâcher, de rester le plus calme possible. Que devait-elle lui répondre ? *Le monde ne tourne pas autour de toi, maman...*

– Ama[5]... Katixa n'est pas une « copine ».

– Bon. Tu m'as comprise, c'est la même chose. Tu pouvais avertir tout de même.

– Non, ce n'est pas la même chose. Katixa est ma compagne. Cela fait des mois qu'on est ensemble maintenant et cela n'a peut-être pas beaucoup d'importance pour toi mais cela en a pour moi. Tu vois, tu ne lui réserves pas la place qu'elle mérite. Donc, pour quelle raison aurais-je dû annoncer que j'allais venir avec elle ? Je savais que j'allais essuyer un refus.

Béa ne répondit rien, car ce que disait Alaia n'était que pure vérité. Elle n'arrivait pas à accepter que sa fille soit lesbienne. D'après elle, ce n'était qu'une phase, pour être à la mode, comme toutes ces histoires de genre. Béa n'était pas personnellement gênée, mais elle redoutait le regard des autres. Si son père apprenait qu'Alaia était en couple avec une fille, elle se sentirait encore plus rabaissée. Et elle n'acceptait pas l'idée que les gens se moquent de sa fille. Mais on aurait dit qu'Alaia avait lu dans ses pensées :

– Tu sais, les temps ont changé, les gens se foutent bien de ce que je fais de mes sentiments et de mon corps. Et de toute manière, si certaines personnes sont encore assez rétrogrades sur ce sujet, peu me chaut. Si moi je me sens bien dans ma peau, pourquoi en serait-il différent pour toi ?

5. *Maman* en basque.

Béa se rendait compte qu'Alaia levait peu à peu le ton. Sa fille pouvait être émotive et colérique. Elle ne supportait pas l'idée que l'on puisse faire un scandale dans un endroit fréquenté, elle devait donc apaiser l'ambiance.

— D'accord, d'accord, le moment n'est pas bien choisi pour avoir cette discussion. Tu présenteras Katixa comme une copine, nous fêtons l'anniversaire de ton grand-père - la fille ouvrit la bouche mais elle ne lui laissa pas le temps de prononcer le moindre mot -, par contre, ce déguisement... s'il te plaît, Alaia...

Alaia ne voulait pas lui expliquer qu'elle avait été obligée de prendre les habits d'une copine et que sa tenue rouge et blanche des Fêtes de Bayonne se trouvait dans sa vieille Polo. Elle ne la croirait pas.

— Ce déguisement, comme tu dis, est une veste d'ouvrier. À l'origine, c'était la tenue des Fêtes de Bayonne. Car les Bayonnais-e-s se rendaient aux Fêtes à la sortie du boulot. Les Fêtes de Bayonne sont les Fêtes des Bayonnais-e-s, celles des prolétaires. Le rouge et le blanc ne firent leur apparition que bien plus tard... Et moi, je revendique ces couleurs.

— C'est une bien jolie histoire que tu me racontes là, mais tu te rends compte que tu es la seule à porter cette tenue et que tout le monde te regarde ?

— Tout le monde ne porte pas la panoplie du *festayre*, non. Et, une nouvelle fois, je me fous du regard des autres.

— Mais enfin, le rouge et le blanc sont symboliques, qui font que tu exprimes ton adhésion avec les valeurs des Fêtes de Bayonne ! On dirait une provocation !

— Ama ! J'ai passé toute la semaine à Bayonne ! Je ne me suis battue avec personne, je n'ai pas eu l'alcool mauvais, j'ai fait la connaissance de nouvelles personnes et j'ai revu de vieux copains et copines ! J'ai chanté, dansé, ri. J'ai raccompagné chez elle une fille qui se sentait mal et retrouvé les parents d'un garçon qui s'était perdu. Qu'est-ce qui a le plus d'importance ? Que je porte un foulard rouge mais que je me batte avec des inconnu-e-s parce que je ne sais pas me contrôler ? Tu sais bien que je ne suis pas comme toi. Cela ne veut pas dire que je ne respecte ni ma famille ni même les Fêtes de Bayonne. J'ai une autre idée du respect. Tu crois que je ne me rends pas compte que tu transfères sur moi la pression que te fait subir grand-père ? Mais je ne vais pas me conformer à ce que grand-père ou la société pensent pour te faire plaisir.

Béa perdit patience ; Alaia, comme d'habitude, avait dépassé les bornes.

– Écoute, ma fille, tu as choisi de me provoquer et je ne l'accepte pas. Maintenant, nous allons tous et toutes passer un bon moment, je vais acheter un foulard rouge et tu vas dire à Katixa de rejoindre d'autres personnes. Tu vas garder pour toi tes velléités de révolution et tes revendications personnelles pour aujourd'hui. Ça suffit maintenant.

Béa, froidement, sans jeter un regard sur Alaia, lui tourna le dos et sortit pour rejoindre le reste de la famille.

Alaia, dans une colère noire, suivit sa mère. Au-dehors, le soleil brillait, son père, son grand-père, son oncle, son cousin avaient terminé la bouteille de txakoli. Katixa leur tenait encore compagnie, en silence. Alaia attendit d'être entourée de toute sa famille. Elle prit Katixa dans ses bras et l'embrassa, sans tenir cas des gens qui l'entouraient.

Au loin elle entendit son grand-père :

– Béa, et ces pintxos, alors ?

Texte traduit par Peio HEGUY

« BAYONNE EST UNE FÊTE »

par

LA LAURÉATE DU CONCOURS EN BASQUE (CATÉGORIE LYCÉENS)

Édition 2023

NOR NAIZ?
QUI SUIS-JE ?

par Mahalia RESAMPA

Les Fêtes de Bayonne, cinq jours dans l'année, 120 heures sur 8 760. Cinq jours de rires, de danses, de chants partagés avec les ami-e-s, de baisers partagés par les jeunes dans les rues : que de bons moments. Mais comme pour toute chose, les Fêtes de Bayonne peuvent aussi présenter un visage très différent. Elles sont souvent émaillées de bagarres, de viols, d'insultes... Et moi, j'assiste à tout cela, bien que les gens ne fassent que peu de cas de moi, je vois tout.

Je m'appelle Boubakar, je viens du Sénégal et j'ai dix-huit ans. Je suis arrivé en France il y a deux ans, en compagnie de ma mère et de ma jeune sœur. Cela fait maintenant deux ans que nous vivons en France, mais nous sommes toujours en attente de papiers officiels. Il nous est très difficile de vivre sans ces papiers pour trouver du travail, c'est pourquoi je parcours les fêtes de village pour y vendre des breloques et ainsi gagner quelques sous. Les gens d'ici nous appellent « Echegaray », nous, les migrants, nous qui vendons des breloques dans les fêtes de village. Mais qui suis-je réellement ?

En 2021, j'avais placé mon point de vente à côté de celui de mes frères. C'était formidable de me retrouver auprès de mes amis, c'était l'occasion pour nous de partager des parties de rigolade, de faire des commentaires sur les gens qui faisaient la fête, et pour couronner le tout, nous nous sentions ainsi en sécurité. Les gens ne nous cherchaient pas de crosses, car ils étaient conscients qu'ils le feraient à l'ensemble d'entre nous. Mais d'un point de vue stratégique, ce n'était pas l'idéal, car nos bénéfices restaient assez faibles du fait que nous nous retrouvions tous au même endroit pour vendre nos produits.

Premier jour des Fêtes de Bayonne

En cette année 2022, je prends le risque de me retrouver seul, en tant qu'« Echegaray », dans une rue, séparé de mes compagnons. C'est une journée de forte chaleur, le soleil tape fort. Les rues de Bayonne sont pleines de monde. Les gens se poussent les uns les autres pour se rendre à différents endroits, certain-e-s retrouvent des ami-e-s et entament des discussions, on entend des chants surgir de toutes parts. Des sourires se dessinent sur les visages des gens, ils sont heureux. Les Fêtes rapprochent les gens.

J'arpente les rues en quête d'un endroit où installer mon point de vente. Au bout d'un certain temps, je m'arrête dans une rue. Je la trouve très touchante, trois visages sont dessinés sur un mur. J'aimerais bien en apprendre un peu plus sur l'histoire de ces trois garçons mais je ne parle pas la langue basque. Qui sont-ils ?

Je trouve un endroit où m'installer sur cette place... J'attends.

— Une couronne lumineuse.

Je lève la tête pour porter mon regard sur la personne qui s'adresse à moi. C'est une fille d'environ dix-sept ans, accompagnée de deux copines.

— Cinq euros s'il vous plaît, réponds-je.

Elle écarquille les yeux sans prononcer le moindre mot. Elle me tend l'argent et je lui donne sa couronne. Elle repart avec ses amies sans m'adresser le moindre « Merci ». Dans la majorité des cas, je ne représente rien pour les gens, je ne suis personne, alors pour quelle raison user de formules de politesse avec personne ?

— Bonjour, une couronne lumineuse, s'il vous plaît.

Cette fois, c'est une maman accompagnée de sa fille. La petite fille reste cachée derrière les jambes de sa mère, et je n'entrevois que ses yeux. Elle me regarde et doit se demander qui je suis.

— Merci.

La maman et sa fille s'éloignent avec leur couronne, en se donnant la main. Le regard de la petite fille se porte toujours sur moi, jusqu'à ce qu'elle disparaisse de ma vue.

À deux heures du matin, je rentre à la maison. J'ai gagné en un jour ce que nous gagnions à trois l'année dernière. Ce fut une longue journée fort ennuyeuse, mais j'étais très content. Et en plus, la hausse des prix ne me laisse pas d'autre choix.

— Iepa, dis-je en entrant.

- Tu as du thieboudienne pour ton repas ! me crie ma mère depuis sa chambre.

Amina est assise dans la cuisine et compte l'argent gagné par mama. Ses sourcils sont violets.

- Tu as fait la fête ? lui demandé-je.

- Non, j'ai filé un coup de main à mama. Beaucoup de gens demandaient qu'on leur fasse des tresses simples ou de les agrémenter de rouge et blanc. Les garçons en voulaient aussi !

— Vous n'avez pas eu de problème ?

— Non, et nous avons gagné plein d'argent, mais c'était très fatigant. En plus, il faisait trop chaud, murmure Amina.

Je mange le thieboudienne préparé par mama avant d'aller me coucher.

Deuxième jour des Fêtes de Bayonne

La journée a passé très vite, j'ai vendu beaucoup d'objets. Il est vingt-trois heures lorsqu'un groupe de jeunes hommes s'approche de moi. Ils sont âgés d'environ vingt-six ans, ils sont cinq et semblent très éméchés, ils ne marchent pas droit.

— Que fais-tu ici ? me demande l'un d'entre eux.

Je ne leur réponds pas car j'ai senti une pointe de mépris dans sa question. Il commence à rire et ses copains se mettent à l'imiter. Le jeune homme, aux yeux bleu-vert, porte une tache de naissance sur le côté gauche de son front.

— Tu ne comprends pas le français ? me demande-t-il, comme s'il s'adressait à un idiot.

— Oui, je comprends le français, lui réponds-je.

— Alors, que fais-tu ici ? me demande-t-il à nouveau.

— Je travaille, lui réponds-je froidement.

Il observe mes marchandises avant de les attraper. Ses copains en font de même et les jettent à terre. Je me lève alors pour les ramasser mais l'un d'entre eux m'arrête en m'agrippant par le bras et me plaque contre le mur. L'homme aux yeux bleus me fait face et celui qui m'a agrippé place son bras autour de mon cou. Je commence à éprouver des difficultés pour respirer.

— Qui es-tu ? me demande-t-il.

— Un garçon, lui réponds-je.

— Tu es jeune, me dit-il. Tu es jeune donc tu dois comprendre ceci : je ne veux pas de migrants en France. Tu n'es personne et tu n'es rien.

Il se met alors à rire, d'un rire dont je me souviendrai pour le reste de mes jours, un rire froid et effrayant.

– Mais qu'est-ce que vous faites ? Laissez-le !

Je tourne la tête et aperçois un groupe de garçons, qui doivent avoir mon âge. Ils sont dix et font face à l'autre groupe. Celui qui m'agrippait me relâche et s'en va avec le reste du groupe.

– Ça va ? me demande l'un d'entre eux.

– Oui, merci, leur dis-je.

Ils m'aident alors à ramasser mes affaires avant de repartir faire la fête. Je prends le chemin de la maison. « Tu n'es personne, tu n'es rien. »

Troisième jour des Fêtes de Bayonne

Je retourne au même endroit malgré les événements de la veille. J'ai besoin d'argent pour subvenir aux besoins de ma famille, c'est moi l'homme de la famille. Papa n'est plus avec nous, c'est à moi d'endosser toutes les responsabilités. Le soleil tape fort, il fait très chaud et j'ai terminé ma bouteille. J'ai faim mais je dois rester là, je dois rester là pour ne pas que l'on me vole mes affaires.

– Bonjour.

Devant moi se trouve une femme accompagnée d'un homme. L'homme porte un tablier de cuisine et la femme a un pichet d'eau à la main.

– Bonjour, leur réponds-je.

– Cela fait trois jours que nous te voyons travailler si durement. Nous ne savions pas si tu avais de l'eau ou de quoi manger, alors nous t'amenons un peu d'eau et un talo[1], me dit la femme en souriant.

– Nous travaillons dans un bar à côté, si tu veux quelque chose à boire ou à manger, n'hésite surtout pas et viens nous voir ! rajoute l'homme.

Je leur prends l'eau et le talo, on dirait qu'ils ont lu dans mes pensées. Je les remercie avant qu'ils ne s'en retournent dans leur bar. Il doit être seize heures lorsque je vois Amina venir vers moi en courant. Elle rit.

– Boubakar ! On l'a eue !

– Quoi ? lui demandé-je.

– La carte de séjour ! On l'a eue !

J'ai ressenti un bonheur immense et me suis mis à rire de concert, et à sauter de joie, je prends Amina dans mes bras et nous nous mettons à chanter.

Je n'ai pas travaillé les deux derniers jours des Fêtes de Bayonne pour remplir divers documents avec ma mère et Amina. Quelle joie !

Un an plus tard

C'est le premier jour des Fêtes de Bayonne. Aujourd'hui, je ne m'y suis pas rendu en tant qu'« Echegaray », mais bien comme un *festayre* lambda. J'ai fait un CAP cuisine et je travaille en alternance. Je me suis fait des ami-e-s et suis même tombé amoureux d'une fille. Cela fait six mois que nous sommes ensemble.

J'ai commencé à apprendre l'*euskara*, Amina va au collège et mama a trouvé un emploi dans un salon de coiffure.

– On va à la place Patxa ? propose Patxi.

---

1. Galette de maïs traditionnelle du Pays basque.

— Je voulais aller aux Halles ! dit Amina.

— Il y a un concert à la place Patxa et les copains y sont, ai-je dit à Maider.

— Bon, d'accord.

Nous nous rendons à la place Patxa, et je connais l'histoire des trois garçons maintenant. Je sais qui ils sont et ce qu'ils ont fait et je n'oublierai jamais cette place et ces trois visages qui y sont peints. Je porte mon regard sur l'emplacement que j'occupais l'an dernier, cet endroit où je suis resté toutes ces heures, sous le soleil, et cette grosse chaleur.

J'observe un homme, il est SDF. Je me rends compte, en scrutant son visage, que je le connais. Je connais ces yeux bleus, ainsi que cette tache de naissance. Son rire m'a provoqué tant de cauchemars et ses mots, tant de tourments.

Je m'approche de lui et m'agenouille lorsque j'arrive à sa hauteur.

— Bonjour, lui dis-je.

Il me regarde mais ne semble pas me reconnaître. Je lui donne deux euros.

— Merci beaucoup, me répond-il.

— Ma mère m'a toujours appris à bien prendre soin de mon prochain. Si tu as besoin d'eau, je travaille dans un restaurant à côté. Tu peux leur demander un peu d'eau et un talo, ils t'en donneront.

Je me relève en rajoutant :

- L'année dernière, pendant les Fêtes tu m'avais demandé qui j'étais. Moi, je m'appelle Boubakar, je suis sénégalais et je vis au Pays basque. Je suis quelqu'un et j'ai toute ma place ici, comme toi. Toi le fasciste raciste. Passe une bonne journée.

Texte traduit par Peio HEGUY

REMERCIEMENTS

Nous tenons à remercier ô combien chaleureusement celles et ceux qui ont participé au faîtage de ce livre. Sans elles, sans eux, la fête aurait été moins (l)ivre.

Florence DELAY, Maria LARREA, Jean-Paul ALÈGRE, Frédéric BEIGBEDER et Francis MARMANDE, les membres du jury de langue française,

Itxaro BORDA, Katixa DOLHARÉ-ÇALDUMBIDE, Gorka BEREZIARTUA, Patxi GARAT, les membres du jury de langue basque,

Chacune et chacun pour leur temps précieux et leur contribution écrite non moins précieuse.

Yaelle et Bertrand des éditions ATLANTICA pour leur partage de valeurs,

Sylvie GRAVAUD, Vanessa WERMELINGER, Isabelle BILBAO, Guy NEPLAZ, Philippe BAIZEAU, Élie BENMERGUI, Lausséni SANGARÉ, Philippe BORRELY, Mathieu LIGNAC, Pierre BACHOUÉ, la Fondation Crédit Agricole Pyrénées-Gascogne : nos « encriers » qui permettant d'écrire l'histoire du concours littéraire des Fêtes de Bayonne, par leur mécénat culturel à titre personnel ou de leur entreprise,

Luis DO SOUTO pour son toit,

Toutes les donatrices et tous les donateurs qui par leur contribution personnelle, ont largement pris part à la création de l'association Le Basque & La Plume : merci Christiane, Isabelle, Pantxika, Magali, Carole, Patxi, Germain, Charles, Christophe, Marco... et tou(te)s les autres !!!!

La Ville de Bayonne,

La Commission extra-municipale des Fêtes de Bayonne,

La Communauté d'agglomération Pays Basque,

Le Département des Pyrénées-Atlantiques.

Corine MIRLIN, Isabelle DUGUET, Karine PAULINI, Myriam CARREAU-GASCHEREAU, Aïnara IPAS-BASTARD et Pierre TABARIN, pour ne pas laisser Le Basque & La Plume œuvrer seuls,

Céline HERVELIN et Olivier PÉANT pour leurs lectures éclairées et éclairantes,

Carole DELMON pour ses cours de conduite accompagnée,

Marie-Baptiste DUHART pour son implication enjouée,

Alexandre de l'hôtel Villa Koegui pour son sens de l'hospitalité,

Pascal MOREAU pour son enregistrement généreux.

Le Basque & La Plume